加強判解研究

推進司法改革

肖扬

二〇〇〇年七月一日

2021 年第 3 辑
总第 97 辑

判解研究

中国人民大学民商事法律科学研究中心　主办
王利明·主编

人民法院出版社

图书在版编目(CIP)数据

判解研究．总第97辑／王利明主编．--北京：人民法院出版社，2022.2

ISBN 978-7-5109-3363-9

Ⅰ．①判… Ⅱ．①王… Ⅲ．①判例-研究-中国-丛刊 Ⅳ．①D920.5-55

中国版本图书馆CIP数据核字(2021)第257647号

判解研究

总第97辑(2021年第3辑)

中国人民大学民商事法律科学研究中心　主办

王利明　主编

策划编辑　兰丽专
责任编辑　李　倩
执行编辑　郭　粹
出版发行　人民法院出版社
地　　址　北京市东城区东交民巷27号　邮编　100745
电　　话　(010)67550562(责任编辑)　67550558(发行部查询)
　　　　　65223667(读者服务部)
客服QQ　2092078039
网　　址　http://www.courtbook.com.cn
E-mail　courtpress@sohu.com
印　　刷　三河市国英印务有限公司
经　　销　新华书店
开　　本　787毫米×1092毫米　1/16
字　　数　218千字
印　　张　13.75
版　　次　2022年2月第1版　2022年2月第1次印刷
书　　号　ISBN 978-7-5109-3363-9
定　　价　68.00元

《判解研究》丛书编委会

目录 CONTENTS

◇专题

◇法学专论

◇判例评析

社会主义核心价值观在司法裁判中的指引功能

李冬冬*

引言

2021年1月19日，最高人民法院印发《关于深入推进社会主义核心价值观融入裁判文书释法说理的指导意见》（法〔2021〕21号）（以下简称《指导意见》），对个案裁判中运用社会主义核心价值观作出方向和方法上的指引。在此之前，2015年10月12日最高人民法院发布《关于在人民法院工作中培育和践行社会主义核心价值观的若干意见》，以及2018年8月最高人民法院发布《关于在司法解释中全面贯彻社会主义核心价值观的工作规划（2018—2023）》。这三个文件形成总分的结构，即从法院的整体视角，及司法解释和司法裁判两个分视角，构建人民法院工作中培育和践行社会主义核心价值观的路径。相对于前两个文件，《指导意见》对社

* 北京市丰台区人民法院民一庭负责人，四级高级法官。

会主义核心价值观如何融入司法审判具有更直接的指导价值。

自2015年《最高人民法院关于在人民法院工作中培育和践行社会主义核心价值观的若干意见》出台以来，运用社会主义核心价值观的裁判文书数量逐年上升，① 但也暴露出司法实践中运用社会主义核心价值观不规范的问题。有学者总结为，对社会主义核心价值观的内涵和理解不统一、适用方式纷繁芜杂、说理简单化等问题。② 针对上述情况，《指导意见》明确"法官在法律框架内运用社会主义核心价值观释法说理"这一基本定位，就是避免引发"以社会主义核心价值观替代或者优先法律进行司法裁判"的误读和疑虑，将社会主义核心价值观"落脚"于具体的法律规则和法律原则，进一步理顺社会主义核心价值观与法律规则的内在统一关系。③

《指导意见》第2条规定："各级人民法院应当深入推进社会主义核心价值观融入裁判文书释法说理，将社会主义核心价值观作为理解立法目的和法律原则的重要指引，作为检验自由裁量权是否合理行使的重要标准，确保准确认定事实，正确适用法律。对于裁判结果有价值引领导向、行为规范意义的案件，法官应当强化运用社会主义核心价值观释法说理，切实发挥司法裁判在国家治理、社会治理中的规范、评价、教育、引领等功能，以公正裁判树立行为规则，培育和弘扬社会主义核心价值观。"该条规定明确了社会主义核心价值观在个案裁判中的作用是"指引"，既有对法官解释法律的指引，也有对司法裁量权的指引。关于社会主义核心价值观融入司法裁判的法律方法，学界已有大量的研究。如社会主义核心价值

① 参见廖永安、王聪：《路径与目标：社会主义核心价值观如何融入司法——基于253份裁判文书的实证分析》，载《新疆师范大学学报（哲学社会科学版）》2019年第1期；陈旭辉：《社会主义核心价值观如何融入行政诉讼——基于138份裁判文书的实证分析》，载《中共青岛市委党校、青岛行政学院学报》2019年第5期；杨彩霞、张立波：《社会主义核心价值观融入刑事裁判文书的适用研究》，载《法律适用》2020年第16期。

② 参见于洋：《论社会主义核心价值观的司法适用》，载《法学》2019年第5期。

③ 参见《深入推进社会主义核心价值观融入裁判文书释法说理以公正裁判引领社会风尚——最高人民法院司改办负责人答记者问》，载《人民法院报》2021年2月18日。

观的法源性质、阐释法律规范的作用、漏洞补充的功能和法律修辞的意义；以及社会主义核心价值观作为价值共识，可以作为裁判说理的理由，证成法官的价值选择，进一步提升裁判的可接受性；等等。① 上述研究为社会主义核心价值观融入裁判文书说理勾勒出基本方法和路径，但仍缺乏一定的实操性。本文结合《指导意见》的相关条款，从个案价值权衡的视角，尝试阐释社会主义核心价值观的指引功能。

一、社会主义核心价值观作为解释法律的视角

法律体现立法者的价值判断，而裁判文书同样是包裹着价值判断的司法文书。在个案裁判中，虽然作为裁判依据的规则须源自现行法律体系，但法官论证其选择规则的理由是多样性的。在依据法律、司法解释规定外，法官可以运用公理、情理、经验法则、交易习惯、职业伦理等论据论证裁判理由，以提高裁判结论的正当性和可接受性。② 无论是法律、司法解释、公理、情理，抑或社会主义核心价值观本质上都是价值判断。裁判理由的规则选择在深层次上亦是价值权衡的结果。《指导意见》第 5 条规定："有规范性法律文件作为裁判依据的，法官应当结合案情，先行释明规范性法律文件的相关规定，再结合法律原意，运用社会主义核心价值观进一步明晰法律内涵、阐明立法目的、论述裁判理由。"该条文引入社会主义核心价值观这一视角，通过其在我国价值体系中的核心地位和共识性的特征指引法官解释法律。因此，社会主义核心价值观融入裁判文书说

---

① 参见陈金钊：《"社会主义核心价值观融入法治建设"的方法论诠释》，载《当代世界与社会主义》2017 年第 4 期；彭中礼、王亮：《司法裁判中社会主义核心价值观的运用研究》，载《时代法学》2019 年第 4 期；于洋：《论社会主义核心价值观的司法适用》，载《法学》2019 年第 5 期；刘聃：《社会主义核心价值观融入司法裁判的方法论——以"狼牙山五壮士"案为例》，载《华南理工大学学报（社会科学版）》2020 年第 6 期；邹鹏：《社会主义核心价值观融入法律修辞的意义和路径诠释》，载《金陵法律评论（2018—2020 年卷）》，商务印书馆 2020 年版。

② 参见最高人民法院司法改革领导小组办公室编：《最高人民法院关于加强和规范裁判文书释法说理的指导意见理解与适用》，中国法制出版社 2018 年版，第 27~28 页。

理，首先要认识到价值与法律之间的关系。

（一）价值转换为规范的过程

当人们使用一个价值词语作出评价的时候，实际包含价值评价和判断标准两个层面的含义。① 若无标准，则评价也变得虚无。例如，我们评价一辆车性能优越，紧接着的问题就是什么是“性能优越”？人们会说安全、舒适、操作灵活等。虽然这些“性能优越”的感受仍偏主观感受，但已经形成具有初步可操作的标准。再如，在商业交易中，人们评价买方是诚信的，同样是基于买方的具体行为，如按时付款、保守商业秘密。可见评价和标准是密切联系在一起的。但价值词语仅能转换成初显性实践陈述，如“欠债还钱”“杀人偿命”“诚实守信”等。初显性实践陈述，通常是描述一些众人皆知的事实。这些初显性实践陈述并不能适用于全部社会事实，最直接的理由就是社会生活的复杂性。如赌债、正当防卫、不可抗力等因素加入到具体情形时，人们对上述命题是否可以完全适用就会产生疑问。在处理具体情形时，需要对不同价值进行权衡后，选择最优折中方案。这一方案就是全虑性实践陈述，即具体的法律规范——法律规则。②

以承租人优先购买权对所有权人处分权的限制的演变为例，来看价值到初显性陈述，再到全虑性实践陈述的过程。③ 《物权法》第39条规定：“所有权人对自己的不动产或者动产，依法享有占有、使用、收益和处分的权利。”此条文明确所有权人对其房屋享有处分的权利。《合同法》第

---

① 参见［英］理查德·麦尔文·黑尔：《道德语言》，万俊人译，商务印书馆1999年版，第106~121页。黑尔认为，价值词语具有两个层面的意义，即评价性意义和描述性意义。所谓评价性意义就是表达了我们对某个行为或事物的肯定或否定、赞许或斥责的观点。所谓描述性意义就是我们作出肯定或否定、赞许或斥责的观点的标准。

② 参见［瑞典］亚历山大·佩策尼克：《论法律与理性》，陈曦译，中国政法大学出版社2015版，第52~74页。

③ 《民法典》实施以后，关于承租人优先购买权的部分条文进行了合并，但并未进行实质性修改。为了更好地展现这个过程，本文以《物权法》《合同法》及相关司法解释为例。

230 条规定："出租人出卖租赁房屋的，应当在出卖之前的合理期限内通知承租人，承租人享有以同等条件优先购买的权利。"基于保护承租人的居住，法律限制所有权人对其房屋的处分权利，确定承租人的优先购买权。但该条文未对承租人的范围作具体规定。由于我国是靠亲情和人情为纽带联系起来的熟人社会，人们在经济交往中，亲情关系往往是交换价值确定的重要考虑因素，具有浓厚的人身色彩，与纯粹的买卖关系终究有所不同。① 因此在《最高人民法院关于审理城镇房屋租赁合同纠纷案件具体应用法律若干问题的解释》第 24 条第 2 项中明确出租人将房屋出卖给近亲属的，则承租人不得行使优先购买权。这一系列规则背后展现的是，不同场景下所有权人、承租人之间权利发生博弈时，立法机关和司法机关对最优折中方案的选择。在逐渐复杂的社会场景下，往往存在不同主体之间的利益平衡。在法律规定不确定或不完整时，法官需要根据个案的情形，权衡不同的价值利益后作出裁判。

（二）社会主义核心价值观与其他价值之间的关系

任何完整的法律规范都是以实现特定的价值观为目的，并评价特定的法益和行为方式，在规范的事实构成与法律效果的联系中总是存在着立法者的价值判断。② 社会主义核心价值观处在社会主义价值体系的最深层结构中，是渗透在一般价值观背后的价值原则。核心价值观与其他价值观之间关系，不仅仅表现在重要程度上的区别，而是核心价值观表现为一系列基本价值的标准、尺度和原则，或者说，它是一般价值观、基本价值观背后的普遍原则和根据。③ 社会主义核心价值观包含 12 个价值词语，凝练概括了国家的价值目标、社会的价值取向和公民的价值准则等三个层面的内容，是社会主义核心价值体系的凝练表达。换言之，社会主义核心价值观

① 参见最高人民法院民事审判第一庭编著：《最高人民法院关于审理城镇房屋租赁合同纠纷案件司法解释的理解与适用》，人民法院出版社 2009 年版，第 322 页。

② ［德］魏德士：《法理学》，丁晓春、吴越译，法律出版社 2013 年版，第 52 页。

③ 参见吴向东：《社会主义核心价值观的表述与逻辑：一种可能的思路》，载《哲学研究》2013 年第 1 期。

是构成法律中所蕴含价值的原料。① 因此，在法官解释法律内涵、阐明立法目的时，社会主义核心价值观作为价值目标、价值取向和价值准则的指引意义是天然存在的。

社会主义核心价值观同样是理解中国法律问题的基点。我国社会主义法律体系建设过程中，法律移植是法律发展的重要方式。在司法实务中，部分移植的法律与中国社会现实之间会出现“水土不服”的现象，即规则追求的法律后果不符合我国的价值观念。原因是法律中所蕴含的价值判断，是对各种价值进行权衡后的最优折中方案。而规则一旦形成，就在一定程度上遮蔽了规则背后的价值平衡或价值判断道德理由，即规则的适用不需要法官再行关注设立规则的一系列理由。判断规则是否可得适用，只涉及理解表述规则的文字，确认争议事实是否存在，并对照这二者是否一致。② 基于演绎法的三段论恰恰遮蔽了规则自身内在的价值权衡过程。法律与其政治、经济发展、风俗人情、历史文化和生活形式等因素之间的复杂联系，在法律适用过程中并不自然显现。在司法裁判中作为价值追求或价值准则的社会主义核心价值观，为法官提供观察问题的本土视角。以此为切入点解释法律内涵、阐释立法目的，同样是正确认识移植的法律之所需。

二、社会主义核心价值观融入裁判文书说理的理论模型

《指导意见》第6条规定：“民商事案件无规范性法律文件作为裁判直

---

① 参见周旺生：《重新研究法的渊源》，载《比较法研究》2005年第4期。周旺生教授认为，法的渊源是由法的资源、进路和动因三项基本要素所构成的综合概念和事物。所谓资源，指法和法律制度是基于什么样的原料形成的，是基于习惯、判例、先前法、外来法，还是基于道德、宗教戒律、乡规民约、政策、决策、学说之类形成的。周旺生教授之观点虽与传统法源理论不同，但对理解社会主义核心价值观与法律之间的关系确有可借鉴之处。

② See Alan H. Goldman, Practical Rules: When We Need Them and When We Don't, Cambridge University Press, 2002, p. 107. 转引自陈林林：《法律原则的模式与应用》，载《浙江社会科学》2012年第3期。

接依据的，除了可以适用习惯以外，法官还应当以社会主义核心价值观为指引，以最相类似的法律规定作为裁判依据；如无最相类似的法律规定，法官应当根据立法精神、立法目的和法律原则等作出司法裁判，并在裁判文书中充分运用社会主义核心价值观阐述裁判依据和裁判理由。”第 7 条规定：“案件涉及多种价值取向的，法官应当依据立法精神、法律原则、法律规定以及社会主义核心价值观进行判断、权衡和选择，确定适用于个案的价值取向，并在裁判文书中详细阐明依据及其理由。”上述两个条文从司法裁量权的视角规范运用社会主义核心价值观释法说理的情形，主要涉及法律漏洞填补和价值冲突的解决。法官在行使司法裁量权时，首先要解决的问题就是论证方向，即优先或倾向于保护谁的权利。社会主义核心价值观为法官提供论证指南。关键问题是法官在司法裁判中运用何种法律方法实现这一目的。

（一）不可避免的司法裁量权

司法裁判是法官适用抽象的法律规范得出具体的裁判结果的过程。三段论是司法实务中的主流裁判方法。但这种法律适用方法的适用范围较窄，通常只是适用于简单的案件，或法律已经作出明确规定的案件。在疑难复杂案件中，法官通常难以直接寻找到与案件完美契合的法律条文。除抽象的法律规范与复杂的社会生活难以完美匹配规范之外，法官还会有一个更直观的感受，那就是在法律颁布和适用之后的一段较长的时间内，经济、社会和政治会发生变化，也就是说不仅事实构成会发生变化，价值观也发生了巨大变化。[①] 可以说，法律乃是部分不确定或不完整的，而且法官针对这种特性应该行使其有限的司法裁量权以填充法律的漏洞。但法官的裁量权是处理特定的、具体的案件，因此他无法使用该权力造成大规模地改造或引进新的法律条款，仅是在受到实质限制的情况下，填补法律的

---

① 参见［德］魏德士：《法理学》，丁晓春、吴越译，法律出版社 2013 年版，第 391 页。

空白。他必须有一般性的理由来正当化他的裁判决定。[①] 社会主义核心价值观作为一般性的理由，正是通过其框架性、方向性的功能为法律适用提供论证指南而自我实现，同时也是对司法裁量权的限制。

（二）标准在价值权衡中的作用

对于社会主义核心价值观指引功能的理解，可以借助一个概念——“标准”。卡里奥认为，依功能和适用主体的不同，法律规则[②]分为具体规则（specific rules）和标准（standards）。具体规则属于一阶规则（first-order rule），标准属于二阶规则（second-order rule）。两者之间的关系如下：（1）一阶规则是行动规则，其适用的主体是行动主体，他们据此作出决定、提出主张或抗辩；二阶规则是裁判规则，其直接适用主体是法官。（2）二阶规则以一阶规则存在为前提，指引何时和如何适用一阶规则，调整一阶规则的适用范围，以及如何填补一阶规则的漏洞，但并不直接创设新的规则。（3）一阶规则针对特定的事实和法律问题，二阶规则具有一定程度上的“中立”特性，适用于范围更广泛的事实和法律问题。[③] 标准不给出法律后果，仅是指出司法裁判运用价值权衡中需要考量的因素或理由，进而解决规则僵化或缺失的问题。指导法官就特定问题解释与适用成文法和普通法或习惯法的原则是法学家讨论的主题。这些原则几乎全是“二阶”性的，它们关系到由它们预先设定了其存在的其他规则或原则的解释与适用。[④]

以“泸州遗赠案”为例。黄某彬与蒋某芳系夫妻关系。黄某彬婚后认识张某英，二人公开同居。后黄某彬因患肝癌，病重住院，蒋某芳一直在

---

① 参见［英］哈特：《法律的概念》（第三版），许家馨、李冠宜译，法律出版社2018年版，第347~348页。

② 卡里奥继受了哈特对法律规则的分类，与德沃金关于法律规则与法律原则的分类不同，其认为的法律规则与德沃金所说的法律原则存在重合之处。

③ See Genaro R. Carrio, Legal Principles and Legal Positivism, in J. E. Gracia(ed.), Philosophical Analysis in Latin America, Dordrech, D. Reidel Publishing Compaj, 1984, pp. 44-52.

④ 参见［美］约翰·菲尼斯：《自然法与自然权利》，董娇娇、杨奕、梁晓辉译，中国政法大学出版社2005年版，第227~228页。

医院照顾。黄某彬立下公证遗嘱将其财产赠与张某英。黄某彬去世后，张某英诉蒋某芳，要求其交付遗赠财产。四川省泸州市纳溪区人民法院认为，遗赠人黄某彬的遗赠行为虽系黄某彬的真实意思表示，但其内容和目的违反了法律规定和公序良俗，损害了社会公德，破坏了公共秩序，应属无效民事行为。故驳回张某英的诉讼请求。这一案例中，法院适用《民法通则》第7条“民事活动应当尊重社会公德，不得损害社会公共利益”这一原则，对《民法通则》第55条和《继承法》第16条第3款的适用范围进行调整。一阶规则是指民事法律行为的效力和遗赠的相关规定，这些法律条文并未规定张某英不能作为受赠人；二阶规则是《民法通则》第7条公序良俗原则，该原则在个案中创设了例外情形，调整《继承法》相关规定的适用范围。在卡里奥的理论中，二阶规则并未创设新的一阶规则，仅是基于个案事实，法官通过行使司法裁量权确定更适合待决案件的法律规则。法官行使司法裁量权以一阶规则为基础，并受到二阶规则的限制。在上述案件中，法官对《民法通则》和《继承法》的解释，仍是受到制定法《民法通则》第7条的限制，法官并未代替立法机关制定具有普遍适用范围的规则，仅依据个案确定更合适的法律规则。正如《最高人民法院关于案例指导工作的规定》第7条规定“最高人民法院发布的指导性案例，各级人民法院审判类似案例时应当参照”，参照的是指导性案例所运用的裁判思维、司法理念。指导案例是作为裁判理由，而非裁判依据。随着司法实践的积累，标准与规则的互动会产生新的规则。如《民法典》第143条第3项规定：“具备下列条件的民事法律行为有效：（三）不违反法律、行政法规的强制性规定，不违背公序良俗。”该条文将公序良俗作为认定民事法律行为效力的要件之一。那么，公序良俗原则在此类案件中不再作为标准发挥作用，而是被具体规则所取代。

关于具体规则（一阶规则）与标准（二阶规则）的区别如下：（1）规则是行动的指南，而标准是论证标指南。法律规则表述构成要件与法律后果之间的关系，而标准则不指明法律后果，是关于经由权衡得出的结果时必须或可能考虑的理由或论据。（2）规则在满足构成要件之后可以得出法律后果，标准无法给出结果，仅是指明论证的方向。(3) 当不同规则之间发生冲突时，须以某种方式选择优先规则并搁置其他规则。当不同标准之间发生冲突时，通常需要在个案中权衡共存的标准之间的分量。(4) 规则大多是立法机关制定或法院确定，标准则多是由判例或法学形成。(5) 规则通过废止而失效，标准则是基于逐渐被弃用而失效。标准大致分为三类：第一类是在规则框架内发挥作用的标准，如“合理”“不正当”“过失”“疏忽大意”等。此类标准依赖于规则，一旦法律规则修改，则影响标准的适用。第二类是与特定规则无关，独立发挥指引作用的标准，如“任何人都不得因自身的过错行为而获益”“受害人不得因违法行为而获益”等法谚。这类标准的作用是调整特定规则的适用范围。第三类是涉及法源的标准。这些标准与规则和标准相关的元标准（meta-standards），用于判断何为法。①

标准属于二阶规则，以一阶规则存在为前提，限制一阶规则的适用范围。社会主义核心价值观不具有规则的特征，属于标准范畴，为个案裁判提供指引性的价值目标，为法官选择规则、解决规则冲突或填补法律漏洞指明方向，为法官提供论证指南。

三、社会主义核心价值观作为标准的指引功能

法官裁判既非对法律的单纯“适用”，亦非法官任意的行为，而是未由法律（完全）确定，但却是理性（可理性证成）的决定。应当把法官判决看成虽取向于法律，但不是由法律确定的决定，其不仅根据法律的尺度，而且根据公正和理性决定之要求来衡量。在这个情形下，法律论辩不是效力于证明某件事情是这样的，而是证立一定的行为、一定的决定是正确的。这个决定的正确性不能独立于为其给出的理由，这是决定性要点。②

---

① See Torstein Eckhoff, Guiding Standards in Legal Reasoning, Current Legal Problems, 1976, pp. 207-214.

② 参见［德］乌尔弗里德·诺依曼：《法律论证学》，张青波译，法律出版社2014年版，第1~8页。

法律论证要求法官要开示涉及裁判背后的、合理的、原则上能够合意的合理性理由，通过裁判理由证成发现的裁判结果。换言之，法官须开示价值权衡的过程。

从具体案件的审理过程来看，个案结果来自当事人之间的充分论辩之后，法官依据现行法给出一个特定的裁判结果。对于一个案件来说，首先要保障的是当事人的诉权，要赋予当事人充分论辩的权利，这属于程序法的范畴。在审理过程中，法庭之上要保证当事人充分发表意见的权利，引导当事人之间进行诉辩交锋。通过这个过程，法官获取完整的当事人对案件的主张。但无论如何，法官最终需要在两个不同主张之间作出选择。当然，这一选择是依据法律作出的。但最终裁判结果需要接受检验，即涉及裁判结果的可接受性问题。那么如何判断一个裁判结果是否能为社会所接受呢？裁判结果之所以可以被称为可接受的，不仅是论辩过程是理性的，保障了当事人的合法诉权，而且裁判结果符合社会可接受的价值体系。①

现代社会的价值和价值观念是多元的。多元不能简单归结为一元，但多元之间要共处，要形成共识，一个社会想要和谐健康地发展，就必须有一个相对能够成为大家共识的价值观。当各种各样的价值观遇到相同的问题时，在这个共识之内大家保持一致。② 可见对于一个问题，能否产生共同的认识和观点，首先须具备共同的视角。只有在同一视角之下，才可能得出共同结论。这一视角就是价值共识。社会主义核心价值观是我们党凝聚全党、全社会价值共识作出的重要论断，是全国各族人民共同的价值观“最大公约数”，是全体人民统一行动的指南和价值共识。社会主义核心价值观作为价值共识，其功能就是聚焦全社会的看待问题的共同视角。以同一视角看待社会生活，进而实现共同目标。对于待决问题的选择方案，要么全体参与人意见一致，达成和解；要么依靠权威，在数个解决方案中选

---

① See Aulis Aarnio, Esssys on the Doctrinal Study of Law, Dordrecht, Spring, 2011, pp. 170-172.

② 参见李德顺：《关于社会主义核心价值观的几个问题》，载《上海党史与党建》2007 年第 7 期。

择其一，其他成员服从。悬而不决是解决不了问题的。社会主义核心价值观作为全社会的价值共识，是其权威性的来源。因此，在裁判文书说理中，社会主义核心价值观发挥着强化说理、提升裁判可接受性的功能。

个案的价值权衡通常是在某种行为类型之内发生，如民事案件中，价值之间的冲突都是基于民事权利。标准也通常表现为民事法律原则。但若价值冲突发生在不同类型的权利之间，跨越部门法自有的法律原则和理念，就需要层次更高的价值目标来统一共识。社会主义核心价值观作为高度抽象的价值观念，是全社会的价值共识，渗透到社会生活的方方面面，具备解决基础价值冲突的功能。

以“洪某快、黄某诉郭某民案”① 为例。2013年第11期《炎黄春秋》杂志刊载洪某快撰写、黄某为责任编辑的《“狼牙山五壮士”的细节分歧》的文章。该文分为几个部分，分别为“在何处跳崖”“跳崖是怎么跳的”“敌我双方战斗伤亡”“五壮士是否拔了群众的萝卜”。文章通过援引不同来源、不同内容、不同时期的报刊资料等，对狼牙山五壮士事迹中的细节提出质疑。2013年11月23日13时许，有网民“鲍迪克”发表微博“炎黄春秋：狼牙山五壮士曾拔过群众的萝卜”，对洪某快撰写、黄某编辑的上述文章中部分内容加以转引。此后，网民梅某育在转发“鲍迪克”微博后，同时发表微博：“《炎黄春秋》的这些编辑和作者是些什么心肠啊？打仗的时候都不能拔个萝卜吃？”在梅某育微博发表后不久，郭某民将“鲍迪克”和梅某育的微博进行转发，同时撰写微博：“反对历史虚无主义！”2014年，洪某快、黄某以郭某民的微博言论侵害其名誉权为由起诉至北京市海淀区人民法院，请求判令郭某民停止侵权、赔礼道歉，并赔偿精神损害赔偿金1万元等。2015年6月，北京市海淀区人民法院作出判决：驳回洪某快、黄某的全部诉讼请求。后洪某快、黄某不服一审判决，提起上诉。北京市第一中级人民法院判决驳回上诉，维持原判。

郭某民的行为是否构成名誉侵权的本案的核心问题。《民法通则》第

---

① 参见北京市第一中级人民法院（2016）京01民终1563号民事判决书。

101条规定："公民、法人享有名誉权，公民的人格尊严受法律保护，禁止用侮辱、诽谤等方式损害公民、法人的名誉。"《最高人民法院关于贯彻执行〈中华人民共和国民法通则〉若干问题的意见（试行）》第140条第1款规定："以书面、口头等形式宣扬他人的隐私，或者捏造事实公然丑化他人人格，以及用侮辱、诽谤等方式损害他人名誉，造成一定影响的，应当认定为侵害公民名誉权的行为。"上述条文划定了言论自由的边界，体现的是言论自由和公民合法权益之间的平衡。《宪法》赋予公民有言论自由的权利，但同时也规定公民在行使自由和权利的时候，不得损害国家的、社会的、集体的利益和其他公民的合法的自由和权利。郭某民的微博言论是对洪某快一文的评价。若仅从郭某民的评论来看，用词确有不当之处，有侵犯洪振快名誉之嫌。在论证郭某民是否构成侵权的问题上，法院认为"狼牙山五壮士"的英雄事迹和大无畏牺牲精神，已经成为中华民族感情和精神世界的重要内容，成为社会主流价值观念，成为社会公共利益的一部分。洪某快之文在一定范围和一定程度上伤害了社会公众的民族和历史情感。在此意义上，黄某、洪某快作为该文的编辑和作者，应当预见到该文所可能产生的评价、回应、批评乃至公众的反应，并因此对后者负有较高的容忍义务。在上述背景下，郭某民之评论既是出于维护"狼牙山五壮士"英雄形象的主观目的，也是对社会共识、民族情感的表达，郭某民的这一言论所代表的思想，符合我国社会的主流价值观，并未超出批评的必要限度。故驳回洪某快、黄某的诉讼请求。

在该案的论证中，对洪某快和郭某民二人的行为评价中引入了保护英烈的价值目标。英雄人物及其事迹是国家精神、民族精神的代表和具体表现形式。公民对代表国家精神、民族精神的英雄人物及其事迹的认同，本质体现的就是爱国的价值取向。言论自由和个人合法权益作为一阶规则的行动规则，而爱国的价值观作为二阶规则的裁判规则，即标准，发挥着限制一阶规则的适用范围，为法官在适用一阶规则时指明方向。在原有的言论自由和个人合法权益的基础上，引入的保护英烈的价值目标为本案在价值权衡方面提供了新的考量因素。正是这一因素为裁判结果的提供了合理、正当的支撑。社会主义核心价值观作为标准，其自身并不指明具体的法律后果，而是以价值权衡时必须或可能考虑的理由或论据的出现。

澄清社会主义核心价值观作为一种标准，也可以避免个案裁判中适用中出现的“规则逃逸”现象。以社会主义核心价值观代替法律进行裁判，实际是将法律推理过程转换成三段论形式，使其具有演绎的外观。例如，“张某某诉徐某某离婚纠纷案”①，法院判决不准离婚的理由是：“为了保护未成年人的权益，确保未成年人的身心健康成长，为了弘扬社会主义核心价值观和中华民族传统美德，传递正能量，促进家风建设，维护和谐、美满的家庭关系，故对原告要求离婚的请求，本院不予支持。”该案的推理形式如下：（1）要弘扬社会主义核心价值观和中华民族传统美德。（2）如果夫妻之间离婚，就有违社会主义核心价值观和中华民族传统美德。（3）故不准许离婚。

这个推理过程呈现出三段论的形式，符合演绎的外观，但不能将标准“伪装”成规则。日常道德语言中有很多类似标准的陈述。如“必须遵守承诺”和“必须说实话”，看似它们是绝对的规则，但其实是一种标准。是否应当遵守承诺，是否应该说出真相，必须基于对原因的权衡。说出真相或信守承诺是错误的情况，不能像规则的例外一样被列出。它们给我们提供的是理由，而不是现成的解决方案。②

四、结语

社会主义核心价值观是标准而不是法律规范，因而融入法治建设需要借助法律方法，不适用法律方法而直接用价值代替法律，会导致法律存在更多的不确定性。③《指导意见》的第2条、第5条、第6条和第7条确定

---

① 参见湖南省宁乡县人民法院（2016）湘0124民初3001号民事判决书。

② See Torstein Eckhoff, Guiding Standards in Legal Reasoning, Current Legal Problems, 1976, p. 216.

③ 参见陈金钊：《“社会主义核心价值观融入法治建设”的方法论诠释》，载《当代世界与社会主义》2017年第4期。

了社会主义核心价值观的指引功能，实务中要考虑的是选择适当的法律方法来实现其功能。在个案裁判中，社会主义核心价值观作为二阶规则，其本身无法给出现成的解决方案，而是为一阶规则的适用提供论证指南。具体体现为在一阶规则原有的价值判断之上，引入新的价值目标为论证提供方向。新的价值目标通过增加某个价值取向的强度，来帮助法官根据个案情况从多种价值取向中选择最优的折中方案。换言之，社会主义核心价值观作为标准，其自身并不指明具体的法律后果，而是以价值权衡时必须或可能考虑的理由或论据出现。因此，在裁判文书说理过程中，法官须开示依据社会主义核心价值观指引进行价值权衡的过程，呈现社会主义核心价值观与法律条文所蕴含的价值判断之间的权衡过程。否则，裁判结果终究是依靠法官的个人决断，而不是理性的支撑。判

（本文仅代表作者个人观点）

社会主义核心价值观司法适用的实证分析与可行路径

刘 琨*

2013年12月23日，中共中央办公厅印发了《关于培育和践行社会主义核心价值观的意见》。2016年12月25日，中共中央办公厅、国务院办公厅发布了《关于进一步把社会主义核心价值观融入法治建设的指导意见》。此后，党中央出台了一系列重要文件部署和指导社会主义核心价值观建设，把社会主义核心价值观融入法治建设便是其中尤为重要的决策部署。2017年3月15日，第十二届全国人民代表大会第五次会议表决通过了《民法总则》，第1条便开宗明义地规定了“弘扬社会主义核心价值观”。2017年10月18日，习近平总书记在党的十九大报告中，指出要培育和践行社会主义核心价值观。2018年3月11日，第十三届全国人民代表大会第一次会议通过《宪法修正案》，增加国家“倡导社会主义核心价值观”的表述。

---

* 中国人民大学法学院民商法学博士研究生，最高人民法院研究室港澳司法事务办公室副主任。

推进全面依法治国是一项长期而艰巨的战略任务，需要各方面力量的综合作用，尤其离不开司法的推动。2015 年 10 月 12 日，伴随中央政策的出台和有关重要法律修改，最高人民法院发布了《关于在人民法院工作中培育和践行社会主义核心价值观的若干意见》。2021 年 1 月 19 日，最高人民法院发布了《关于深入推进社会主义核心价值观融入裁判文书释法说理的指导意见》。本文拟从案例实证分析入手，研究社会主义核心价值观司法适用的法理基础，探寻提升司法适用效果的方法与路径。

一、社会主义核心价值观司法适用的现状与问题检视

笔者于 2021 年 9 月 1 日前在中国裁判文书网以“社会主义核心价值观”为关键字搜索案例，粗略剔除其中明显与社会主义核心价值观无关的裁判文书后，可得共计 9238 篇判决，除此以外，最高人民法院还分别于 2016 年 3 月、2016 年 8 月、2021 年 5 月发布了三批共计 30 件关于社会主义核心价值观的典型案例，诠释了社会主义核心价值观对司法裁判的引导功能，体现了判例在弘扬社会主义核心价值观方面的独有价值。深入探析目前的数据和具体的案例，目前关于社会主义核心价值观的裁判情况呈现如下特点。

（一）适用的数量和分布看，总数趋升，类型集中

从 2015 年至 2021 年 8 月底，人民法院适用社会主义核心价值观的总数分别为 112 件、423 件、542 件、1131 件、1768 件、1805 件和 3457 件。在最高人民法院发布的 30 件典型案例中，民事类案件 21 件，数量最多，共涉及 18 种具体案由，包括名誉权纠纷 3 件、继承纠纷 2 件、物业服务合同纠纷、赡养纠纷及环境污染责任纠纷等 16 种案由案例各 1 件；刑事类案件 3 件，包括伪证罪、诈骗罪、销售假冒注册商标的商品罪案件各 1 件；行政类案件 3 件，包括行政登记、行政处罚、其他行政案件各 1 件；执行类案件 2 件，包括申请执行医疗服务合同纠纷、执行生命权民事赔偿纠纷案各 1 件；知识产权类案件 1 件，为著作权权属、侵权纠纷。典型案例中

的案由分布与适用社会主义核心价值全部案件中的案由分布，比例基本相当。上述数据具有如下特点：第一，适用社会主义核心价值观的案件逐年上升，表明中央决策和立法为社会主义核心价值观融入司法裁判提供了理论及政策上的支持、法律上的依据，社会主义核心价值观在司法说理、裁判中的作用日益突出。第二，在立法予以规定之前，社会主义核心价值观作为中央政策，缺乏法律的明文规定，被直接适用于裁判的依据不充分，故直至《民法总则》于2017年规定社会主义核心价值观后，适用法律核心价值观条款进行裁判说理的案件较多出现，如“医生电梯内劝阻吸烟案”判决书中明确提出：“弘扬社会主义核心价值观是民法的立法宗旨，司法裁判对保护生态环境、维护社会公共利益的行为应当依法予以支持和鼓励，以弘扬社会主义核心价值观。”① 第三，最高人民法院关于说理和对社会主义核心价值观法律适用的强调，是社会主义核心价值观被广泛应用于裁判说理的重要推动力。“司法裁判是一种通过说理来解决纠纷的活动”②，如前所述，2015年10月、2021年1月最高人民法院先后颁布相关文件，明确要求涉及国家利益、重大公共利益的案件等六类案件应当运用

---

① 在该案中，郑州市中级人民法院认为，杨某劝阻段某礼在电梯内吸烟的行为未超出必要限度，属于正当劝阻，没有侵害段某礼生命权的故意或过失，本身也不会造成段某礼死亡的结果。段某礼患有心脏疾病，在未能控制自身情绪的情况下，发作心脏疾病不幸死亡。因此杨某不应承担侵权责任。参见河南省郑州市中级人民法院（2017）豫01民终14848号民事判决书。

② 雷磊：《从“看得见的正义”到“说得出的正义”——基于最高人民法院〈关于加强和规范裁判文书释法说理〉的指导意见的解读与反思》，载《法学》2019年第1期。

社会主义核心价值观释法说理,[①] 并细化运用方法——采用文义解释、体系解释、目的解释、历史解释等解释方法,[②] 2016 年和 2021 年案件迅速增长。第四，民事案件占绝对多数。究其原因，一方面，人民法院受理的民事案件总数远高于其他各类案件，案件基数大，这给民事案件适用社会主义核心价值观提供了丰沃的土壤；另一方面，相较于刑事审判“严格遵循罪刑法定原则”和行政审判“着重行政行为及其依据的合法性审查原则”，“民事审判除了强调意思自治外，更加强调对于弱者的特殊保护，也更加注重诚实信用、实质公平和追求和谐”[③]，这为民事案件适用社会主义核心价值观提供了先天优势。例如，在“贾某莹与北京锦麟盛泰汽车销售有限公司、北京德特汽车贸易有限公司买卖合同纠纷一案”中，在一审法院对原告请求不予支持的情况下，二审法院依法对涉案车辆的进口商进行了调查，认定了出卖人修改里程表及隐瞒真实信息、告知虚假信息的欺诈行为，支持了原告即消费者要求三倍赔偿的权利，对鼓励诚信、惩罚背信有重要的积极作用。[④]

---

① 《最高人民法院关于深入推进社会主义核心价值观融入裁判文书释法说理的指导意见》(法〔2021〕21 号) 第 4 条规定:“下列案件的裁判文书，应当强化运用社会主义核心价值观释法说理:(一) 涉及国家利益、重大公共利益，社会广泛关注的案件;(二) 涉及疫情防控、抢险救灾、英烈保护、见义勇为、正当防卫、紧急避险、助人为乐等，可能引发社会道德评价的案件；(三) 涉及老年人、妇女、儿童、残疾人等弱势群体以及特殊群体保护，诉讼各方存在较大争议且可能引发社会广泛关注的案件;(四) 涉及公序良俗、风俗习惯、权利平等、民族宗教等，诉讼各方存在较大争议且可能引发社会广泛关注的案件；(五) 涉及新情况、新问题，需要对法律规定、司法政策等进行深入阐释，引领社会风尚、树立价值导向的案件;(六) 其他应当强化运用社会主义核心价值观释法说理的案件。”

② 参见《最高人民法院关于深入推进社会主义核心价值观融入裁判文书释法说理的指导意见》(法〔2021〕21 号) 第 6 条规定:“民商事案件无规范性法律文件作为裁判直接依据的，除了可以适用习惯以外，法官还应当以社会主义核心价值观为指引，以最相类似的法律规定作为裁判依据；如无最相类似的法律规定，法官应当根据立法精神、立法目的和法律原则等作出司法裁判，并在裁判文书中充分运用社会主义核心价值观阐述裁判依据和裁判理由。”

③ 江必新:《关于裁判思维的三个维度》，载《中国审判》2019 年第 3 期。

④ 参见北京市第三中级人民法院 (2020) 京 0105 民初 2503 号民事判决书。

（二）从适用的方式看，对应否适用、如何适用的把握不同

从目前司法裁判的情况来看，在适用方式上主要有以下几个特点：

第一，存在对应否适用社会主义核心价值观把握不一，甚至两极分化的现象。一方面，在部分涉及人民群众重大利益诉求的案件中，就案办案，未能以社会主义核心价值观作为案件价值衡量的考虑，处理结果可能难以为广大人民群众所接受；另一方面，在与社会主义核心价值观并无关联的案件中，泛化适用社会主义核心价值观，导致过分关注案件的社会效果，忽视推理的基本过程和法律的基本规定，割裂裁判说理与裁判结论之间的逻辑关系。上述两种情况都会影响司法的公正与权威。第二，在法院适用社会主义核心价值观的案件中，又可分为教育宣示型、结果证成型两种类型。一是道德教育宣示型，约占95%。法院根据具体的法律法规就能直接证成裁判结果，社会主义核心价值观并不起到证成的作用，① 而是用以展示法院态度，发挥教育宣示功能。二是结果证成型，其中又可分为单独证成裁判结果、补强法律规则证成裁判结果（也叫复合证成裁判结果）。单独证成裁判结果的案件所占比例极少。此类案件从规范法律适用的角度来看，如非为弥补法律漏洞所需，单独适用社会主义核心价值观以直接得出裁判结论，有向一般法律原则逃逸之嫌，有违司法适用价值的规范立场。比如，某相邻通行纠纷案，法院在说理中未引用具体法律条文，直接指出“与社会主义核心价值观背道而驰，不利和谐相处”，并就此驳回上诉请求。如果能够首先引用《民法典》关于相邻关系的条文，裁决将更有说服力。补强证成裁判结果为常见样态，比如，最高人民法院发布的第99号指导案例，“葛某生诉洪某快名誉权纠纷”一案中，裁判首先适用当时《民法通则》和《侵权责任法》的具体条文认定洪某快侵害了葛某生之父、“狼牙山五壮士”之一葛振林个人的名誉和荣誉，然后指出“狼牙山五壮士”的事迹和精神已经成为中华民族共同记忆并成为社会主义核心价值观

---

① 江秋伟：《价值的司法适用及方法——以法院适用社会主义核心价值观的案例为对象》，载《西安交通大学学报（社会科学版）》2019年第5期。

的重要内容，故被告行为侵害了社会公共利益。①

（三）从适用的具体内容看，对社会主义核心价值观具体内涵和性质认识仍存在模糊

社会主义核心价值观既是一个有机的整体，反映了我国社会的主流价值观念；又由三个层面的十二种价值组成，具体价值之间具有促进与补充的关系。目前司法实践在适用社会主义核心价值观时具有以下特点：

第一，绝大多数判决没有指明违反社会主义核心价值观的哪些具体内容，仅将社会主义核心价值观作为一种裁判依据整体适用，致使裁判理由引据模糊、说理论证笼统。比如，多个判决书中仅仅写道“该行为既不符合村规民约的要求，更不符合社会主义核心价值观要求”，相当于直接给出论点，而关于到底不符合哪些要求的论据、为何不符合这些要求的论证过程则并无着墨。第二，在对社会主义核心价值观的具体内容作出指明的案件中，针对同一类行为，有的法院认为违反了社会主义核心价值观中某项内容，而有的法院却认为违反了社会主义核心价值观的其他内容。尽管都有道理，但这更表明引用直接相关的法律条文的重要性。“裁判理论与实践一直致力于追求司法的确定性，特别是在当下这样一个日益多元化的社会里”②，司法确定性要求的不仅仅是同类行为得到司法在肯定性或者否定性评价方面的同一，还要求裁判理据的同一。而将同一行为置于社会主

---

① 一审法院北京市西城区人民法院认为，“……已经获得全民族的广泛认同，是中华民族共同记忆的一部分，既是中华民族精神的内核之一，也是社会主义核心价值观的重要内容。而民族的共同记忆、民族精神乃至社会主义核心价值观，无论从我国的历史看，还是从现行法上看，都已经是社会公共利益的一部分”，参见北京市西城区人民法院（2015）西民初字第27841号民事判决书。二审法院北京市第二中级人民法院认为，“中国共产党宣扬‘狼牙山五壮士’的事迹和精神体现的也是国家利益、民族利益……否认‘狼牙山五壮士’英勇抗敌的事实和舍生取义的精神，不仅对‘狼牙山五壮士’的名誉和荣誉构成侵害，同时构成了对英雄人物的名誉、荣誉所融入的社会公共利益的侵害”，参见北京市第二中级人民法院（2016）京02民终6272号民事判决书。

② 方乐：《司法参与公共治理的方式、风险与规避——以公共政策司法为例》，载《浙江社会科学》2018年第1期。

义核心价值观中不同的价值维度之下，会影响裁判理据的同一、裁判标准的统一、司法的确定性和公信力。第三，对社会主义核心价值观内容的外延识别不清、论证不足。比如，在离婚纠纷案件中，不少法院以考虑离婚对子女的影响、维护传统家庭美德为由，援引社会主义核心价值观否定当事人的离婚请求，却未解释、论证社会主义核心价值观是否系传统家庭美德的上位概念，传统家庭美德所蕴含的价值为何优先于社会主义核心价值观中的自由（离婚自由）价值，进而影响了司法适用社会主义核心价值观的说服力。

二、社会主义核心价值观司法适用的法理基础与逻辑

人民法院将社会主义核心价值观融入司法裁判，并通过具体的案例使其形象化，从而成为人民群众在法治生活中可以切实感知到的道德准则、法律要求。不过，司法裁判中对社会主义核心价值观内涵与性质的理解差异化、适用方式的不当选择、说理的高度概括化和同质化，一定程度上导致社会主义核心价值观难以在司法裁判中达到最佳效果，这很大程度源于裁判者未深入探寻适用社会主义核心价值观的法理基础和应然逻辑。

（一）价值判断是司法活动的重要环节

解决价值判断与司法活动的关系这一先决问题，才能从规范上回答社会主义核心价值观为何能够在司法中适用、在具体裁判中应如何适用。第一，司法权的本质是判断权，那么，裁判者作出判断时是只对具体、细化的法律条文负责，还是对法律条文背后蕴含的价值选择负责？对这个问题的理论回答，本质上是如何把法律对裁判正义的要求通过司法活动在具体案件中实现，如何把具体规则在公平正义方面可能存在的“空白”通过行使裁判职责予以补足。① 对此，拉伦茨（Karl Larenz）的观点值得赞同：在立法者和法律适用者的活动过程，处于中心地位的，是在各条法律规范

① 参见李树民：《裁判职责的元点：一元论还是二元论》，载《华东政法大学学报》2019年第4期。

和法律适用中表现出来的价值判断。[①] 如司法裁判局限于法律条文、彻底脱离价值衡量，将可能陷入机械主义的深渊。第二，在法律适用中，大前提的寻找会涉及价值判断。正如王轶教授所指出的，价值判断问题意在以讨论事实判断问题得出的结论为前提，根据特定的价值取向决定现实生活中哪些类型的利益关系适合采用民法手段进行协调，并依据特定的价值取向对相应的利益关系作出妥当的安排。[②] 客观事实经由法官发现、认定从而转化为法律事实的过程，有赖于法官就证据有无证明力、证明力大小以及举证责任如何分配作出价值判断。第三，在司法过程中寻找、选择和确定小前提，对法律规则进行解释和适用的过程，本身就是价值判断的过程。法律规则有时是不确定的或者相互冲突的，甚至从表面文义推演出来的结果可能会与立法本身的目的相悖，从而导致司法适用没有唯一正确的答案。因此，法官需要在具体案件中探寻法律体系揭示和展现的法律价值，并通过法律规则之间的优先层级，运用文义解释、历史解释和体系解释的方法来解决问题。

（二）社会主义核心价值观是司法活动中进行价值判断的标准

社会主义核心价值观是当前我国司法活动所适用的价值基准，这主要体现在以下几方面。第一，价值判断问题集中体现于利益衡量，而各类法律关系主体有不同的利益诉求。利益衡量要求法官“综合把握本案的实质，结合社会环境、经济状况、价值观念等，对双方当事人的利害关系比较衡量，作出本案当事人哪一方应当受保护的判断”[③]。利益衡量或者说价值判断是基于一定客观标准作出，而非出于法官的主观任意，而这种客观标准有赖于在国家的政治文化中形成的一些共识性价值。第二，司法所依赖的共识性价值，应当有鲜明的时代特色，如两汉时期“春秋决狱”以儒

---

① ［德］米夏埃尔·马丁内克：《德国民法典与中国对它的继受》，载陈卫佐译注：《德国民法典》（第4版），法律出版社2015年版，第12~13页。

② 王轶：《民法价值判断问题的实体性论证规则——以中国民法学的学术实践为背景》，载《中国社会科学》2004年第6期。

③ 梁慧星：《裁判的方法》，法律出版社2012年版，第261页。

家经典作为判案依据。“司法通过个案司法判决对立法内涵进行不断丰富，保障了法律紧跟社会变迁的步伐，满足了社会公众对于稳定的规范性预期的诉求。”① “以现实中的变迁社会结构为基石，逐步建构起一些可以把复杂情境加以简单化的利益衡量类型。”② 当前，社会主义核心价值观是最广泛、最普遍的利益诉求的高度凝练和社会共同追求的集中表达。人民法院的工作宗旨是“努力让人民群众在每一个司法案件中感受到公平正义”，司法工作必须把司法是否能反映人民意志、是否能维护和保障人民群众的合法权益，作为衡量和检验司法是否公正、高效、权威的最高标准。③ 第三，立法活动本身就体现了价值追求，立法所蕴含的价值很多时候来源于司法实践，又成为了司法实践应当遵循的价值标准。比如，上述最高人民法院发布的第 99 号指导性案例中，针对污蔑贬损英雄形象、侵害英雄烈士名誉的行为，明确已逝英雄烈士的近亲属享有起诉资格，从而在个案中直观展现了“爱国”的价值底色。多个司法判例吸引《民法典》积极回应司法裁判所体现的内在价值，明确传达积极主动践行社会主义核心价值观的目标追求。从这个角度看，《民法典》通过彰显社会主义核心价值观积极回应裁判要点希望满足的价值需求，④ 法官适用民法规则时，实际上适用的价值就是社会主义核心价值观。

（三）司法活动中融入社会主义核心价值观是法治建设体系化的必然要求

从法治建设的体系性看，社会主义核心价值观融入法治建设包含四个结构性子命题：在立法中配置社会主义核心价值观、在司法中贯彻社会主

---

① 陆宇峰：《走向“社会司法化”——一个“自创生”系统论的视角》，载《华东政法大学学报》2013 年第 3 期。

② 杨力：《民事疑案裁判的利益衡量》，载《法学》2011 年第 1 期。

③ 参见周强：《牢牢把握司法为民公正司法的工作主线》，载《人民司法》2014 年第 9 期。

④ 参见张滕：《〈民法典〉对指导性案例裁判要点的回应及实施效果提升》，载《山东青年政治学院学报》2021 年第 4 期。

义核心价值观、在执法中实施社会主义核心价值观、在守法中践行社会主义核心价值观。社会主义核心价值观融入司法裁判是社会主义核心价值观融入法治建设的重要组成部分。最重要的法律，既不是刻在大理石上的，也不是刻在铜表上的，而是铭刻在公民的内心里的。① 在法治已经成为国家和社会治理的常态后，作为守护社会正义的最后一道防线，司法如果固守于遵从具体法律规则而不考虑价值指向，就会滞后于现实的法治需要。所以，裁判者应秉持系统性思维，在具体案件中发现法律规则背后的价值理念，将政治话语转化成法律话语，对法律的实施条件和实施后果进行补充和归纳，通过个案释放法治思想乃至价值正义思想，提高司法权威和公信力。

三、社会主义核心价值观司法适用的方法与路径

现在法学理论界和实务界面临的核心问题已不是社会主义核心价值观进入立法的问题，而是在司法中的呈现问题。司法与社会主义核心价值观之间的关系表现在两个方面：一方面，司法过程要能够自觉地贯彻并传播社会主义核心价值观；另一方面，司法过程也需要塑造并引领社会主义核心价值观。② 法官运用社会主义核心价值观的过程是司法方法和裁判技术实践的过程，应当通过裁判说理、法律论证、法律解释和利益衡量等方法合理、准确地适用社会主义核心价值观。

（一）区分裁判依据和说理依据的法源类型，规范社会主义核心价值观的适用方式

司法是将抽象的法律规范适用于特定的案件事实并得出具体结论的过程，其中，法律规范的适用既包括寻找裁判依据的法律规范，也包括说明

① 参见［法］卢梭：《社会契约论》，何兆武译，商务印书馆 1997 年版，第 73 页。

② 参见彭中礼、王亮：《司法裁判中社会主义核心价值观的运用研究》，载《时代法学》2019 年第 8 期。

适用该法律规范的理由。[①]《最高人民法院关于加强和规范裁判文书释法说理的指导意见》将裁判文书的说理区分为“裁判依据”与“说理依据”。

第一，将社会主义核心价值观作为正式法源纳入裁判依据。社会主义核心价值观转化为正式法源包括法律规则与法律原则两种形式，二者都可以作为裁判依据，但是应以不同的适用规则加以区分。[②] 一是对于已经转化为法律规则的社会主义核心价值观，应当优先适用转化的法律规则，并通过法律解释的方法解释其内涵。比如，《英雄烈士保护法》第3条规定，英雄烈士事迹和精神是中华民族的共同历史记忆和社会主义核心价值观的重要体现，第26条规定以侮辱、诽谤或者其他方式侵害英雄烈士的姓名、肖像、名誉、荣誉的应当承担相应的法律责任。发生该法律规则规定的情形时，则应当适用上述具体法律规则。二是对转化为法律原则的社会主义核心价值观，应当在满足严格条件的情况下才能作为裁判依据。这些情形主要包括：穷尽法律规则后、法律规则仍然缺失时，适用社会主义核心价值观作为法律原则填补法律漏洞；虽然存在法律规则，但是“假如适用法律规则可能导致个案的极端不公平的后果”[③]，则需要以法律原则论证具体规则适用不当，以得出公平正义的裁判结果。

第二，将作为非正式法源的社会主义核心价值观融入说理依据。一是援引社会主义核心价值观强化说理。法官在依法查明事实、对事实进行法律论证后，引用社会主义核心价值观的理念释法说理，拓展说理维度，将情、理、法融入裁判中，完善审判结论的论证过程。二是运用社会主义核心价值观填补法律漏洞。由于法律规范的滞后性、法律语言的模糊性、调整范围的有限性等局限性，法律在案件中的适用往往捉襟见肘。若将法律

---

① 参见胡仕浩、刘树德：《裁判文书释法说理：原则、目的与价值——〈关于加强和规范裁判文书释法说理的指导意见〉的理解与适用（上）》，载《人民司法·应用》2018年第25期。

② 参见于洋：《论社会主义核心价值观的司法适用》，载《法学》2019年第5期。

③ 舒国滢：《法律原则适用中的难题何在?》，载《苏州大学学报（哲学社会科学版）》2004年第6期。

的制定、修改都寄托在立法者身上，必然会出现滞后，因为立法者不可能站在一线最先感受社会变化。① 比如，法律规则对“交通肇事后找人顶替行为的性质认定”问题无明确规定，法院面对这一法律漏洞，指出“将找人顶替的行为定性为逃逸既符合立法本意，又符合社会主义核心价值观”②。三是作为非正式法源时，社会主义核心价值观不宜作为唯一的、首要的说理依据，而应按照“法律规则—法律原则—社会主义核心价值观”的逻辑顺序释法说理或与其他法律规范同时适用。③

第三，重点解决好法源转化问题。首先，在尽可能将社会主义核心价值观的内容转换为法律规范的前提下，制定、完善司法解释，加强社会主义核心价值观适用的规范性。其次，通过将社会主义核心价值观转化为公共政策、司法政策以指导司法裁判行为并发布指导案例，从而进一步提升社会主义核心价值观适用的具体性、恰当性和准确性。④

（二）厘清价值与规则之间的关系，规范社会主义核心价值观的适用顺序

如何在司法适用价值中处理价值与规则之间的关系，直接影响了社会主义核心价值观在司法活动中应在何种条件下适用，进而影响适用后的说服力。

第一，价值判断应当有限适用，规则优先于价值适用。法学方法论禁止司法“向一般条款逃逸”，价值具有明显的抽象性，脱离“大前提+小前提=结论”的模式来适用价值将导致价值适用的混乱。比如，《老年人权益保障法》第 18 条明确规定了“常回家看看”的要求，所以，在赡养纠

---

① 参见邵六益：《从效力到效率：案例指导制度研究进路反思》，载《东方法学》2015 年第 5 期。

② 参见江苏省连云港市中级人民法院（2017）苏 07 行终 134 号行政判决书。

③ 参见杨彩霞、张立波：《社会主义核心价值观融入刑事裁判文书的适用研究——基于 2014—2019 年刑事裁判文书的实证分析》，载《法律适用》2020 年第 16 期。

④ 参见莫文秀：《核心价值观融入法治的历史进程、时代特征与实践路径》，载《中共中央党校（国家行政学院）学报》2021 年第 4 期。

纷中，应当先适用该具体法律规则，再引用社会主义核心价值观强化说理，而非不去寻找法律规则就直接以社会主义核心价值观来“弥补”想象中的法律漏洞。

第二，通过社会主义核心价值观解释规则。法律规则虽然具体，但当法律规则不明确甚至相互冲突时，法律规则本身无法妥当地适用于个案。一方面，在面对事实问题时，司法者很难百分之百地考虑所有的事实细节，而是要作出取舍选择，而这种取舍选择就包含了价值判断的因素；另一方面，存在同样的事实可以适用多个具体法律规则的情况，在这种情况下，也需要动用价值判断的方法进行权衡和考量。而社会主义核心价值观是高度抽象、凝练的价值体系，法官应当以此对规则进行解释来消除法律规则的局限性。

第三，通过规则适用价值。一般认为，具体规则体现了立法者已经达成一致的价值判断。因此，在法律规则明确时，适用具体的规则，甚至严格适用具体的规则，就能充分体现和贯彻立法者的价值判断，这也是强调“不得向一般条款逃逸”的原因。价值蕴含着各种标准来指引人的行为，但是价值本身并不体现为一种规则，具体而言，很多行为规则可以呈现诚实信用这一价值，但是诚实信用并不能为行为人提供一种确切的规则。诚实信用等价值是如此抽象，以至于需要大量的“法条释义”，即通过价值指引、类推适用或目的性限缩来创设新的法律规则，① 而且这一新的法律规则应当能够与整个法律体系相融贯，从而完成对社会主义核心价值观的适用。

（三）把握社会主义核心价值观的内涵，规范社会主义核心价值观的适用内容

在适用社会主义核心价值观时，一方面应强调社会主义核心价值观的整体特征，另一方面也应当具体分析价值观中各子项价值的具体类型、内容以及相互关系。

---

① 参见［德］卡尔·拉伦茨：《法学方法论》，陈爱娥译，商务印书馆2003年版。

第一，在司法裁判中解释、论证案件事实与社会主义核心价值观具体内容的关联。社会主义核心价值观包括以下基本内容：富强、民主、文明、和谐是国家层面的价值目标，自由、平等、公正、法治是社会层面的价值取向，爱国、敬业、诚信、友善是公民个人层面的价值准则。国家层面的价值，我们可以在《宪法》中找到具体的条款。社会层面的自由、平等、公正、法治既是法律一直以来倡导的重要的法律原则，又可以在法律中找到相应的具体规则，如《民法典》中关于自愿原则及关于合同自由、婚姻自由、遗嘱自由、过错责任等的规定。① 个人层面的价值也可以在《民法典》等法律中找到具体条款。比如，《民法典》规定："民事主体从事民事活动，应当遵循诚信原则"，并在具体条文中规定了违约责任、缔约过失责任等。再如，爱国在《英雄烈士保护法》中有具体体现，敬业、友善与《民法典》所维护的公序良俗有密切联系。在这一背景下，在司法裁判中应避免机械地将社会主义核心价值观作为"政策标签"进行适用。比如，使用"该行为与社会主义核心价值观不相符"之类的话语进行理由诠释，便难以令人信服，至少也应当指明"与公民应遵循的'诚信'社会主义核心价值观不符"。总之，应通过法律解释和论证构建概括性、宏观性的社会主义核心价值观与具体行为规范之间的桥梁，依托通俗化的语言修辞使其协同发力，推动纠纷化解、教化和引导社会风尚。

第二，把握政治性话语体系与法律话语体系的异同。首先，如前所述，在尽可能通过具体规则适用社会主义核心价值观之外，必须承认，存在一些无法经由法律条文具体化的价值观念，其难以经由目的解释的路径直接在法律的适用中发挥作用。② 其次，在具体案件中，社会主义核心价值观中某些内容的措辞与法律一致，但内涵未必一致，前者体现了更高标准的道德要求，如《民法典》语境下继承人仅须在继承的遗产范围内清偿

---

① 参见李成斌：《论社会主义核心价值观对民事司法的影响》，载《法律适用》2018年第19期。

② 参见严立：《论作为民法典立法目的的社会主义核心价值观》，载《时代法学》2019年第5期。

被继承人之债务，其意在勿使继承人为被继承人所累，从而为继承人留有开启新生活的希望。父债子还、夫债妻还并不为法律上之诚信所倡，却为一般“诚信”的道德观念所称誉。最后，社会主义核心价值观的某项内容可能并不适用于某个具体个案。比如，作为居中的裁判者，法官处在利益严重对立的双方当事人之间，他作出的判决几乎无可避免地总是要支持一方当事人的诉求，这显然非他方当事人所欲。因此，民事诉讼以及作为民事诉讼之实体上“操作规程”的《民法典》本身就处在利益纷争的漩涡当中，不应以实现“和谐”之类的价值目标作为裁判说理中的论述。

第三，在社会主义核心价值观蕴含的各类价值之间进行权衡。当作为子项的价值之间狭路相逢时，就会出现价值选择问题，因为各项价值在融入个案司法裁判时不可避免地产生“竞争性关系”。以“淮安谢勇烈士名誉权纠纷公益诉讼案”为例，该案中存在言论自由和英烈保护两种不同的核心价值，在社会主义核心价值观中分属社会层面的价值取向和个人层面的价值准则。对此进行价值权衡，实际上是要在言论自由与英烈保护之间进行取舍选择，值得考虑的角度包括以下几个方面：首先，被告曾某在微信群里发表带有侮辱性质的不实言论，已经超出言论自由的范畴；其次，谢勇烈士的英雄事迹和精神为国家所褒扬，成为全社会、全民族宝贵的精神遗产，其名誉、荣誉等人格权益已经上升为社会公共利益。就此，被告的言论自由保护尚不足以证成其对英烈精神的侵害的正当性，此案中社会主义核心价值观的“自由”价值即应当让步于“爱国”价值。可见，价值权衡应当作为解决价值冲突的一种关键方法，而权衡所要解决的核心问题则是一种价值的被满足程度是否足以证成对与之相对立的另一种价值的伤害的正当性。①

除此以外，在适用社会主义核心价值观时应当注重选择一些靠近人民群众、贴近人民群众生活的多发性案件，更好地达到“裁判一件，教育一

---

① 参见刘翀：《社会主义核心价值观融入司法裁判的方法论》，载《华南理工大学学报（社会科学版）》2020年第6期。

片”的司法效果。我国当前处在数字经济、人工智能经济高度发展的时代，社会关系也面临着重大变革，很多纠纷现行法并没有明确的规定或者若简单套用现行法的规定进行裁判会发生不能充分平衡当事人之间权利义务关系的情况。在发生这种情况时，也应当根据社会主义核心价值观的要求综合平衡法律背后的价值，并且结合当前社会的新发展，将一些新的价值选择纳入到法律中来。

（本文仅代表作者个人观点）

不动产执行处置中居住权涤除规则的构建

陆燕红[*]　范纪强[**]

引言

居住权从实践争议走向法典认同，回应了“住有其屋”到“住有所居”的法益转换，对保障弱势群体的生存权意义重大，为我国经济发展与社会变迁提供了法律依据。① 但权利并非绝对，权利的行使必然有其边界，② 边界不清则可能导致居住权在执行实践中步入困境，引发“住有所居”与“债有所偿”利益失衡。因此，打破“拍卖不破居住”的绝对性十分必要。本文尝试立足现有规则体系，理顺实体法律与程序制度之间衔接协调，

---

* 江苏省南通市崇川区人民法院法官。

** 江苏省南通市崇川区人民法院法官。

① 参见申卫星：《从“居住有其屋”到“住有所居”——我国民法典分则创设居住权制度的立法构想》，载《现代法学》2018年第2期。

② 参见卢正敏：《执行程序中的虚假租赁及其法律应对》，载《中国法学》2013年第4期。

以涤除规则的合理构建遏制法律漏洞，以期法律适用达到预期效果。

一、居住权纳入不动产执行处置的潜在困境：司法惯性与制度风险

随着《民法典》的实施，居住权规范进入到解释和适用的实践维度，制度能否匹配实践，规则适用尚付阙如。特别是执行场域下，多元主体的利益冲突具有必然性，因此，仍需警惕法律异化衍生的问题。

（一）困境一：案外人执行异议滥用的司法惯性，为规避执行拓展制度空间

当今，我国社会财产结构中占有非常重要地位的财产，毫无争议应属以商品房为代表的城市不动产。因而，房产的强制拍卖成为最为常见、有效的执行手段，也是申请人债权得以实现的关键。随之而来的，通过租赁合同倒签、设定畸长期限的租赁权、签订虚假以房抵债协议、无偿或低价处分房产等各种干扰不动产变现的规避执行行为层出不穷。据统计，近年来案外人针对法院查封、处置房产的执行行为而提出执行异议的情形非常普遍，在所有的案外人执行异议案件中占比较重，且一直呈高位运行态势，案外人执行异议之殇已成为困扰执行的“戈尔迪之结”（见表一）。

表一　不动产执行异议审查案件统计表

年度	执行异议审查（件）	房屋执行异议（件）	占比
2014 年	10509	4615	43.92%
2015 年	25980	12009	46.22%
2016 年	66016	26807	40.61%
2017 年	109548	52757	48.16%

（续表）

年度	执行异议审查（件）	房屋执行异议（件）	占比
2018年	161345	79027	48.98%
2019年	223555	88942	39.79%
2020年	232345	69587	29.95%

事实上，在我国居住权规范缺失背景下，执行实践虽不乏居住权的生成与运用实际案例，但在执行异议审查时因“师出无名”，法官大多将其定性为债权或权能，不得已予以驳回，[①] 反映出主体诉求与规范缺失的内在角力。随着居住权制度的落地，可以预见未来一段时间，在不动产异议的涟漪效应下，滥设居住权不可避免地成为被执行人规避执行甚至豁免执行的新手段。

（二）困境二：居住权设立的开放性，增加规避执行的审查难度

随着执行力扩张理论发展和案外人执行异议制度的确立，执行法官被赋予一定的实体审查权，强制拍卖过程中居住权效力判断，即属于审查权范畴。法官在审查恶意租赁、以房抵债及房屋买卖等可能存在规避执行情形时，往往从主体关系、合同签订日期、给付金额、租赁期限、交付情况以及对债权人权益实现影响等方面寻找合同履行“破绽”，形成合同效力的内心判断。

根据我国《民法典》第368条的规定，居住权设立方式是以无偿为原则，以有偿为例外。[②] 无偿设立的情形，多发生在亲属等特定关系人之间，

---

① 笔者在无讼网公布的执行异议数据中，输入关键词“居住权”检索，共有3404件案件。从中随机提取200件，获得异议支持的仅有7件，检索时间：2021年5月10日。

② 参见全国人民代表大会常务委员会副委员长王晨2020年5月22日在第十三届全国人民代表大会第三次会议上关于《中华人民共和国民法典（草案）》的说明。

居住权是否存在无效情形，法官很难识辨。另外，《民法典》第367第2款第1项明确，居住权合同应包括当事人的姓名或者名称和住所，从文义角度理解，居住权的设立人不仅包含自然人、法人以及非法人组织仍属居住权主体射程。在有偿给付及非自然人主体设立情形下，居住权是否符合“生活居住的需要”的属性依然不易判断。

（三）困境三：权能割裂与分离，降低“带居拍卖”的实际效用

众所周知，执行行为可分为处分行为和控制行为两种形态，根据《最高人民法院关于人民法院民事执行中查封、扣押、冻结财产的规定》（以下简称《查扣冻规定》），强制执行过程中，法院可对设立权利负担的不动产予以查控，但法院查控财产的最终目的在于处置变现，控制房产并不意味着自然而然地能够强制拍卖。结合《最高人民法院关于人民法院民事执行中拍卖、变卖财产的规定》（以下简称《拍卖、变卖规定》）第28条，我国对于担保物权的执行应对，司法拍卖采用的是涤除主义，而对于租赁权等用益物权性质的权利采用的是承受主义。因此，在强制拍卖过程中，如待处置存有用益物权性质的权利的房产，通常做法是保留权利负担，在拍卖过程中予以披露，如为租赁权的，还会通知承租人可以参与竞拍，并依法享有优先购买权。

由此可见，我国立法设置“带居拍卖”的执行路径，但考虑到居住权期限系根据当事人的约定，而实践中大部分居住权具有长期性甚至终身性，带居拍卖成交的风险无限加大，不仅影响评估价格，还极有可能造成拍卖价款过低，以致无人问津而导致流拍，最终危及申请人权利实现，带居拍卖或许仅存在理论上的可能。与此不同的是，带租拍卖的情形下，租赁权虽亦予以保留，但竞拍人在成交后可基于所有权人的身份向承租人主张租金，带租拍卖的可能性依然很大，甚至一些竞拍人参与司法拍卖的目的就是投资，加之一般情况下，租赁的期限不会过长，拍得房产是否具有租赁权对其影响甚微。

（四）困境四：用益物权属性固化，阻却不动产权利瑕疵的涤除路径

作为用益物权的居住权，兼具所有权的稳定性以及租赁权的灵活性，

可很大程度缓和房屋使用权属二元立法模式的僵化和封闭性。① 但权能上升为权利后随之而来的法律适配亦会发生变化，因为，权利对于他人对抗效力与权利自身的公示作用相伴而生，这也是法律的基本原则之一。② 相比租赁权，居住权登记设立后即产生公示公信效力，其自身的稳定以及排他性，决定了发生第三人可能侵害其权益时，居住权人可以物权人的身份寻求消除危险、排除妨碍等物权救济。在某些情形下，居住权人甚至享有能够排除对其居住使用形成妨碍的所有权的效力，居住权益并不会因为房屋产权变动受到影响。

诚然，基于买卖不破租赁理论，成立在先的租赁权与用益物权同样具有一定的排他效力，但因其具有债权的不稳定性，当事人仍可以通过合同解除、代位诉讼等方式予以去除。另外，与租赁权不同，居住权的公示效力，也可能导致司法审查主体懈怠，在案多人少的矛盾现实下，执行压力本身较大，在当事人提出异议的情形下，某些执行法官可能机械地适用物权公示原则，未进行必要的实体审查，以致于不能全面及时保障债权人合法权益。

二、不动产执行处置中居住权涤除的正当性：理论基础与实践类推

我国《民法典》关于居住权的六个条文的规范配置尚显粗略，规则生成内在动因虽顾及私法效果，却忽视了执行效果。考虑到法典承载提取公因式和体系简化的任务，消除居住权执行困境，最为迫切的是立足现有制度体系，合理类推适用权利涤除规则。③

---

① 参见申卫星：《从“居住有其屋”到“住有所居”——我国民法典分则创设居住权制度的立法构想》，载《现代法学》2018年第2期。

② 参见黄立主编：《民法债编各论》（上），中国政法大学出版社2003年版，第304页。

③ 《拍卖、变卖规定》确立了司法拍卖程序中用益物权特殊除去规则，即继续存在于拍卖财产上的用益物权，对在先的担保物权或者其他优先受偿权的实现有影响的，法院应当依法将其除去后进行拍卖。与之不同，本文除去规则还考虑房产拍卖中不存在其他权利负担的情况下如何消除居住权。

（一）理论基础——债权人的撤销权

与代位诉讼一样，债权人撤销权亦属债的保全制度，对债权人利益保护具有重要意义。该制度突破债的相对性原则，可限制债务人自由处分财产，在一定程度上对第三人的利益造成影响。债权人撤销权的行使必须以诉讼方式进行，且需经司法判决才产生自始无效的撤销权法律效果，故又被称为废罢诉权或撤销诉权。[①] 我国《民法典》及相关司法解释对于权利的行使对象、行使范围、行使期间、相关费用的承担等事项作了详细的规定。基于取得方式的无偿性抑或有偿性，我国现行法律对于债权人撤销权的构成要件采取了区分主义立法，无偿行为并不要求债务人主观上具备存在恶意之情形，而有偿行为则要求主观要件与客观要件均需满足，缺一不可。[②] 如债务人无偿将自己的房产为他人设立居住权，且居住权人超出“满足生活居住的需要”目的，或恶意设立居住权以减少其责任财产的情况下，债权人认为其债权受到侵害，可以对于设立居住权的行为以债权人撤销权为由向法院起诉，使之自始无效。在理论的转换应用方面，强制执行过程中，理应构建合理的居住权涤除规则。

（二）实践类推——唯一住房执行及租赁制度

1. 权利的传承性：类推唯一住房执行

债务人及家庭唯一住房能否予以强制执行，关乎被执行人家庭的居住权、生存权问题，一直是执行领域的一大难点。从我国立法与司法互动过程来看，居住权司法保护先于立法规定，《民法典》充分吸收了司法实践经验。在《民法典》颁布之前，笔者随机抽取了200件居住权执行异议案件，经合并同类项，可以概括为唯一住房型、反向负担型、有偿购买型、

---

① 参见［英］巴里·尼古拉斯：《罗马法概论》，黄风译，法律出版社2000年版，第28页。

② 参见韩世远、郝作成：《中华人民共和国合同法条文解释》，四川人民出版社1999年版，第199页。

共同共有型、物权期待型、无偿赠与型及其他类型七种类型（见图一）①。其中，唯一住房型占比多达52.5%。唯一住房型居住权异议案件中，被执行人同住家属，往往以对拍卖标的具有居住权为由阻却房屋强制拍卖，只不过鉴于立法缺失，案外人所主张的“居住权”司法大多以权能或者债权的方式予以回应，随着《民法典》的颁布，以满生活居住为目的的“权能”自然转化为权利属性，本质而言，二者具有权利的传承性。

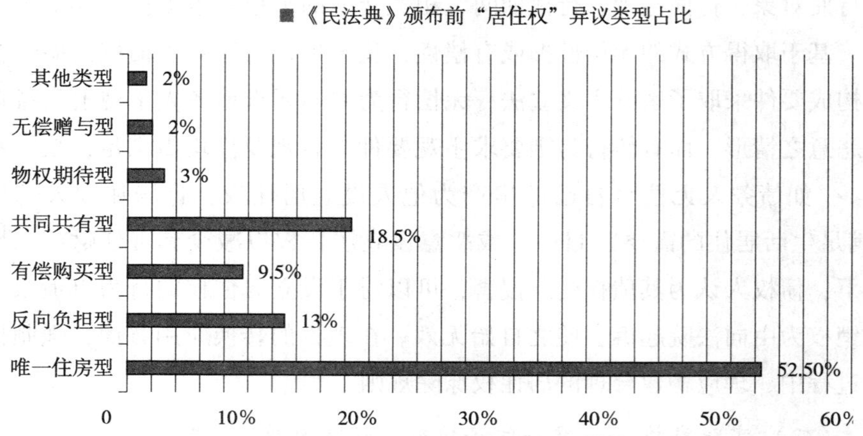

图一 《民法典》颁布前“居住权”执行异议案件类型体系图

---

① 唯一住房型，指被执行人或与其同住的被扶养人、赡养人以其享有拍卖房屋的居住权请求法院停止执行；反向负担型，即父母出资为子女购房，约定父母享有居住权，或者家庭分家析产、拆迁、继承时，权利人自愿放弃所享份额赠与其他家庭成员，但要求保留居住权，以及祖父母、外祖父母为解决孙子女、外孙子女学区将房屋赠与子女但内部约定享有居住权；有偿购买型又存在几种情形，或直接向所有权人支付款项以获得长期或者终生使用权，或以居住权进行抵债，又或房屋买卖时，双方约定保留出卖人短期所有权；共同共有型，主要指房屋共建人、共同出资人、夫妻共同共有人、隐名合伙人等权利人主张居住权对抗执行；物权期待型，指被查封房屋实际买受人提起案外人执行异议；无偿赠与型，指离婚后为夫妻另一方或亲友等提供房屋以供长期居住使用；其他类型还包括由于企业改制分配房屋、政府拆迁后公有住房无偿提供他人使用等情形。

为打破唯一住房豁免执行壁垒，保障债权实现兼顾公平，《查扣冻规定》明确，对于超过被执行人及其所扶养家属生活所必需的房屋和生活用品，根据债权人的申请，在保障债务人及其所扶养家属最低生活标准所必需的居住房屋和普通生活必需品后，法院可予强制执行。2015 年发布的《最高人民法院关于人民法院办理执行异议和复议案件若干问题的规定》（以下简称《执行异议和复议规定》）第 20 条，进一步细化唯一住房可予强制执行的具体条件，并对债务人及其所扶养家属的安置等事项予以明确。以北京、江苏、浙江、上海为代表的地方法院，根据本地区实际情况，进一步对唯一住房的执行规则进行了探索细化，唯一住房的强制执行实践日趋合理成熟。①

2. 权利的相似性：类推租赁制度

房屋租赁与居住权均系对他人所有的房屋所设立的使用权，二者具有很大的类似性，具体表现在以下三个方面：其一，无论是承租权还是居住权都是根据合同约定设立，而且大都采取书面形式，一般情形下，根据法律规定必须按约合理使用他人的房屋，并且承担一定的如修缮之类的义务，未经同意或授权不得擅自转租、转让以及合同外经营性利用。其二，在效力方面，二者均都具有一定对抗第三人的效力。租赁权作为非典型债权，其对抗效力主要表现在买卖不破租赁的物权化特征。作为用益物权的居住权，其设立系基于登记，同时，登记后便取得公示公信效力，在房屋买卖中居住权人可以基于公示公信对抗房屋出卖人及受让人，即受让人可以取房屋得所有权，但依然不能依物权的权能排除、对抗居住权人的占有使用。② 其三，在取得方式上，居住权未排除通过合同意定的方式有偿取

① 如《江苏省高级人民法院关于执行“唯一住房”相关问题的解答》第 2 条规定，被执行人及其所扶养的家属为 2 人或 2 人以下的，临时住房的面积不低于 35 平方米；被执行人及其所扶养的家属为 3 人及 3 人以上的，临时住房的面积不低于 50 平方米。临时住房的地段可参照被执行人的合理要求，尽量方便其生活、工作。申请执行人自愿提供临时住房的，使用期限原则上不超过六个月。

② 王泽鉴：《民法学说与判例研究》第 7 辑，中国政法大学出版社 1998 年，第 71 页。

得，且不少承租人租赁房屋的目的也是满足生活居住需要，二者在取得方式及功能方面均具有重叠性。鉴于居住权与租赁权在功能与制度构造上具有相似性，对于适用过程中的法律漏洞，依据我国《民法典》第467条，准用典型合同中的租赁合同的规定具有正当性，居住权相关规则可以明确为：其一，有偿取得的居住权最长保护期限一般不应超过二十年，超过部分不发生法律效力；其二，居住权人对于所设房屋享有优先购买权。

事实上，关于居住权的优先购买权，依然有理论依据。根据我国《民法典》第369条，在特殊情形下根据约定，居住权房产可以对外出租，此时，在同一房屋上出现租赁权和居住权并存的情形。根据法律规定承租人当然享有优先购买权，而此时如果法律排斥居住权人有优先购买权的话，将会出现法律对于债权人权利的保护优先于对用益物权人权利的保护，此与物权优先于债权的法理相悖，可能给司法实践中适用承租人优先购买权条款造成困惑，导致居住权人与承租人的权利保护失衡。①

三、居住权内在属性的限缩解释：功能预设与取得方式限定

真正的法律乃是正确的理性，② 涤除居住权前提须理性审视居住权内在品性，抵制居住权扩张解释的风险，对法律条文的文义加以限缩。

（一）功能预设——生活性需要

居住权制度肇始于罗马法，从渊源进路考证，旨在解决婚姻家庭和被解放奴隶等社会弱势群体人员的生活居住问题，透露着浓厚的人文气息和伦理精神。③ 长久以来，因其具有人身依附性，一直被视为特定自然人生活居住所需而设定的用益物权。随着社会经济的发展，财产的充分利用和有效流转逐渐取代物的静态归属成为物权法的主题，比较法视野下居住权

---

① 聂圣：《民法典居住权规范之省思——兼议居住权规范的司法解释》，载《太原师范大学学报（社会科学版）》2020年第4期。

② 参见张智辉：《刑法理论性》，北京大学出版社2006年版，第22页。

③ 参见王勇旗：《利益衡平理论在我国居住权立法中的应用》，载《河北法学》2020年第8期。

的人身依附性有所突破，权利的流转出现松绑现象，而朝着用益物权的方向实现功能嬗变，理论上居住权被划分为投资性与社会性二元功能属性。

我国《民法典》对居住权移转采取严格限制的立法，并进一步对取得方式予以限定，① 居住权的根本功能目的体现在“满足生活居住的需要”方面。由此而言，法人及其他经济组织等不具备主体条件，显然非自然主体，并不具有“生活居住”之自然属性。但我国《民法典》第 367 条第 2 款第 1 项又规定，居住权合同中条款应包括“当事人姓名或者名称和住所等”，该条款与居住权自然人主体的身份存在逻辑背反。因为，姓名和住址是自然人的特定标识，住所和名称是法人及非法人组织的特定化标识。另一方面，如扩张解释《民法典》第 368 条、第 369 条但书规定即“但是当事人另有约定的除外”，《民法典》并不一概排除当事人可以约定设立居住权用于投资性经营。因此，有学者认为，立法承认居住权的投资性不具有抵触居住权法理的品格，生活性居住权与投资性居住权并非重叠于一个适用领域，而应各自演化出一套规则。② 居住权不应绝对地受无偿性以及不可继承、不可出租、不可转让之限制。③

本文认为，从我国居住权制度的功能价值来看，主要还是强调居住权规范维护居住稳定和保障弱者权利的社会功效，旨在解决老年人、离异后无财产一方等特殊群体的住房问题，以权利形式保障他们能够实现住有所居。其彰显的扶助、扶养和救济功能，更加契合社会公共利益及国家追求的法益，因此，在物权法体系中，居住权属于用益物权，同时它也是一种人役权，并不以释放居住权的经济活力为导向。由此，非自然人的居住权不应该具有适用的余地。试想，如法人或非法人组织纳入居住权射程，其

---

① 参见聂圣：《民法典居住权规范之省思——兼议居住权规范的司法解释》，载《太原师范学院学报（社会科学版）》2020 年第 4 期。

② 参见崔建远、陈杭平：《居住权制度的价值功能体现在哪里》，载《检察日报》2020 年 8 月 19 日。

③ 参见曾大鹏：《居住权的司法困境、功能嬗变与立法重构》，载《法学》2019 年第 12 期。

转让、流转、取得方式不受限定，虽可满足房产投资性多样性选择，但也会导致与租赁制度边界不清，居住权住房保障功能弱化，一旦滥用则会演化成规避执行的“避风港”，在社会诚信体系未能健全的情形下，与我国国情不符。因此，现阶段扩张的居住权有待仔细斟酌，居住权的理解和法律适用应从狭义角度切入。① 随着市场经济的发展和我国住房保障制度的完善，主体及投资性功能可在满足特定情势下予以完善。《民法典》关于居住权设立的主体、方式、流转等采取了弹性化规定，为未来物权制度的创新预留了空间。

（二）取得方式限定——无偿为纲

我国《民法典》将居住权定义为用益物权，但同时也限定了其人役性特点。② 由于人役权在设定范围方面一般限于特定情感关系人之间，体现了权利价值的慈善性，因而其通常以无偿为特征，并且在市场流通和继受性方面受到限制。③ 我国《民法典》第368条规定：“居住权无偿设立，但是当事人另有约定的除外……”有学者认为，该任意性规范兼顾了社会性功能的居住权与投资性的意定居住权。有偿方式具有普遍性，也可大大提升房屋的权利设立概率，有助实现物尽其用。无偿的取得方式看似具有合理性，事实上会减少居住权的适用场景以及普及频率。④ 结合司法实践，笔者认为该观点值得商榷。

1. 无偿不等于无条件

现实生活中，绝大多数居住权是无偿的，如前文统计，有偿取得“居住权”仅占9.5%，考虑到此处的“居住权”并非法律意义上的居住权，

---

① 参见冯源：《论民法典对居住权的立法干预方法》，载《学术论坛》2019年第4期。

② 参见王利明：《论民法典物权编中居住权的若干问题》，载《学术月刊》2019年第7期。

③ 参见温世扬、廖焕国：《人役权制度与中国物权法》，载《时代法学》2004年第5期。

④ 参见汪洋：《民法典意定居住权与居住权合同解释论》，载《比较法研究》2020年第6期。

还包括共有、物权期待权等权利。因此，无偿居住权的设定方式更具有普遍性。如家庭唯一住房型居住权，大多基于家庭成员之间的扶养、赡养或抚养义务无偿设立。该无偿的取得方式，本质上属于赠与，但并非所有的赠与都是无条件的。例如外祖父母、祖父母为解决外孙子女、孙子女学区问题，将自己的房屋自愿赠与子女名下，同时反向在该房屋设立居住权，表面上子女取得所有权后将无偿为父母设立居住权，但本质上属于父母的附条件赠与，父母取得居住权实际上超付了“对价”；又如，被继承人遗产分配继承时，其他继承人自愿放弃应合法继承的部分或全部份额，但约定继承受益人为其在特定房产上设立居住权并尽到赡养、扶养义务等。某种意义而言，上述保留、设立居住权之情形，并非真正属于实质意义上的无偿性居住权。

2. 有偿不等于投资性

正如梅因所说，社会发展是一个从“身份到契约”的过程，[①] 就居住权而言，其本身就是一种身份权利的延伸，现阶段《民法典》虽未排斥有偿取得方式，但并不是意味着法律彰显居住权的财产性价值和投资、收益功能，不宜将居住权功能扩展至投资性功能。司法实践中，有偿取得居住权，客观上确会为所有权人带来一定的利益归属，但并不意味着设立居住权的目的在于投资。例如，亲属之间共建房屋、共同投资购房或一方资助另一方购买房屋，一人取得所有权，另一方取得居住权；又如，房屋买卖合同履行过程中，双方当事人约定房屋过户后为出卖人保留过渡期设立居住权，买受人在购房款中扣除一部分费用等情形，虽支付相应的对价，但设立居住权显然为了满足卖房人的居住需要，而非基于投资经营目的。

四、居住权涤除规则的具体适用：原则、边界以及步骤

（一）原则：生道优先兼顾衡平

以国家强制力回应社会正义诉求且保护弱者权益，是法律的一项重要

---

① ［英］梅因：《古代法》，沈景一译，商务印书馆 1983 年版，第 112 页。

功能，同时，也彰显出法律的人文关怀。在执行实践中，要求法律最大程度兑现债权，保障被执行人的生存权。因此，生道执行原则成为司法的底线。① 毫无疑问，“住有所居”是我国当今社会极为重要的社会问题，解决民众的“住有所居”，满足民众的基本生活需要，不仅有利于维护社会稳定，也是保障公民生存权的有力体现。在权利位阶上，居住权属于基本人权，理应高于债权，强制执行不能因实现债权而导致被执行人流离失所，人民法院应秉持有限执行理念，合理运用“生道执行”。② 落实到对居住权房屋的执行方面，基于居住权的物权属性，应秉持“拍卖不破居住”的承受主义原则，同时，亦应兼顾债权人与被执行人利益平衡。利益衡平理论作为法律解释的一种方法，在司法裁判领域，要求法官结合法律的价值理念、当事人双方的经济状况、特殊的社会历史背景等情况，综合比价衡量双方当事人的利害关系，从而作出符合社会实质正义的价值判断。在强制执行过程中，特别是制度试法阶段法律尚不成熟之情形下，执行法官应摆脱机械规则的束缚，探求现行法律框架下的体系协调问题，衡量利弊作出取舍。

（二）边界：居住权涤除的适用要件

居住权的物权属性，决定了其对世性和排他性，加之本身蕴含着人文关怀的社会属性，涤除应当有严格的限定条件。

1. 危及债权人债权实现

涤除拟拍卖房产上的居住权，前提条件是被执行人无可供执行其他财产权益，或者名下虽有一定的财产但远远不足以清偿，在客观上导致了申请人债权实现存在巨大风险。

2. 排除适用情形

众所周知，基于买卖不破租赁理论，强制拍卖房产时，合法有效的租赁权应当予以保留，举轻以明重，有偿并且有效取得居住权的情形下，居

---

① 参见代贞奎、蒲宏斌、何小兵：《居住权保留条件下可执行被执行人唯一住房所有权》，载《人民司法》2016年第8期。

② 参见代贞奎、蒲宏斌、何小兵：《以所有权权能分离理论破解唯一住房执行困局》，载《人民法院报》2016年1月13日。

住权作为用益物权一般不具有强制涤除性。此处的有偿居住权，应作广义理解，不仅包括支付对价，还包括附条件赠与等附着相关义务及蕴含社会公益性质的居住权相关情形。

3. 谨慎适用情形

比例原则是公权力实施时所必要遵循的原则，居住权涤除的适法过程中，应谨慎处理居住权剩余期限较短的情形。参照《执行异议和复议规定》第20条关于唯一住房执行规定，债权人依本地区廉租房保障面积标准为债务人及所扶养家属提供居住房屋，或同意参照当地房屋租赁市场平均租金标准从该房屋的变价款中扣除五至八年的租金。房产强制拍卖时，其上所设居住权剩余期限不足八到十年的，原则上不应考虑强制涤除；另一方面，强制执行尚应秉持有益执行原则，综合考量待拍房产可能产生的司法成本、各种税费以及被执行人对外所负债务的总额等情形，若涤除上述各项费用所剩无几，强制涤除居住权并无实际意义。特别是在被执行人住房超过生活所必需的认定方面，应当严格限制司法自由裁量权的行使。毋庸置疑，居住权毕竟已经取得公示效力，对于债权人而言其仍负有理性社会人的风险防范义务。

（三）步骤：居住权涤除的程序构造

1. 启动主体

根据现有法律规定，债务人“唯一住房”的强制执行，应以债权人的申请为前置条件，法院一般不会依职权主动对被执行人的“唯一住房”采取处分性执行措施。举轻以明重，由申请执行人启动居住权涤除程序逻辑上更加顺畅，符合“谁主张，谁举证”的原则，可以有效调动债权人提供被执行人财产状况的积极性；另一方面，随着执行力的扩张，法院具有必要的实体审查义务，调查被执行人财产除去权利瑕疵，本属于法院职权范围。正如学者杨与龄所言，权利除去得有执行法院依债权人之声请或依职权为之。① 特别是在居住权无偿设立的情况下，有可能存在恶意串通损害

---

① 参见杨与龄：《强制执行法论》，我国台湾地区三民书局2005年版，第493页。

债权人利益效力判断问题，法院应依职权予以审查。由此而言，居住权强制涤除的启动，应以债权人申请为原则，以法院依职权涤除为例外。

2. 程序及救济

涤除居住权可以根据不同情况分为三种方式：一是执行中根据当事人的申请或法院依职权审查居住权的涤除时，应当组成合议庭进行听证，传唤被执行人及居住权人到庭听取各方意见，审查各方举证。如当事人及案外人对于审查结果不服，可以提起许可执行之诉或案外人执行异议，继而提起许可执行或案外人执行异议之诉。二是如居住权的设立可能存在侵害申请人利益时，申请执行人及其他债权人也可通过传统诉讼救济，即有权提起债权人撤销权之诉或确认之诉，请求法院撤销居住权或确认居住权无效。法院立案受理后，对于该房产的强制执行应予中止。之所以赋予债权人程序选择权，主要是为了充分保障其合法权益，扩增不动产权利负担消除的路径。三是债权人还可以通过代位诉讼予以涤除，法律规定设立居住权当事人原则上应采用书面合同形式，既然存在合同势必涉及双方具体的权利、义务，在居住权人违反合同义务或其他解除关系成就的情形下，①又或居住权人死亡，所有权人怠于涤除权利的情形下，债权人可以依法提起代位诉讼，请求法院强制涤除居住权。

3. 涤除审查的具体情形

（1）根据物权优先原则，后设立居住权对成立在先的担保物权或其他优先受偿权有影响的应予涤除。根据《拍卖、变卖规定》第28条第2款，拍卖财产上原有的租赁权及其他用益物权，不因拍卖而消灭，但该权利继续存在于拍卖财产上，对于在先的担保物权或者其他优先受偿权的实现有影响的，人民法院应当依法将其涤除后进行拍卖。所以，居住权涤除的审查，须先明确拍卖房产的优先权情况及居住权设立的时间。如存在担保物权等优先受偿权设立在先居住权设立在后，且影响担保物权等实现的，根据物权优先原则，居住权应予涤除。至于此处的“影响”如何理解，有观

---

① 参见房绍坤：《论民法典中的居住权》，载《现代法学》2020年第4期。

点认为可以对案涉房屋进行评估概算判断居住权的负担影响，① 也有人进一步提出参考房屋评估价的1/2来判定对于抵押权等是否存在影响。② 本文认为，单纯以评估价来判断“影响”不具有合理性，“影响”的因素很多，即便居住权期限很短的情形下，依然对拍卖有着不利的影响甚至导致流拍。根据物权优先性理论，应秉持有利于担保物权人的原则予以推定“影响”存在，宜先行在拍卖中直接予以涤除，同时在拍卖公告中披露房屋存在居住权的情况，载明拍得人与居住权人可自行协商，协商不成因拍卖而导致对居住权人不利的，由被执行人及居住权人自担风险。

（2）滥设居住权，企图规避强制执行的应予涤除。在拍卖房产不存在前述权利负担的情形下，首先，应对居住权的效力进行审查，综合考虑居住权设立的时间（在债权成立之前一年内或者债权成立后）、双方的关系、取得的方式、对价的支付、居住权人及被执行人财产情况等情形，判断居住权的设立是否为恶意利用“拍卖不破居住”原则，为法院处置财产设置障碍，损害债权人的合法权益影响债权变现，确属于规避执行的行为，直接予以强涤除。并可以适用《民法典》第157条规定，解决居住权合同确定无效后损失补偿和民事责任承担问题。需要注意的是，尽管法律并未将有房者排除在居住权人范围内，但在无偿取得的情形下，居住权人的住房情况，可作为判定居住权合同效力的重要因素。

（3）单纯无偿型居住权，影响债权实现的应予涤除。经审查居住权确属合法，如属无偿型居住权，可类推适用唯一住房执行制度，并妥善安置居住权人的生活居住。此时，居住权虽经审查涤除，但其优先购买权并不当然消灭，因为，涤除仅是在法律上彰示消除权利对于法院执行处分的影响，居住权人与被执行人之间的法律关系依然存在，在拍卖过程中，保留

---

① 参见范向阳：《法院执行理论与实务讲座》，国家行政学院出版社2010年版，第336~337页。

② 参见刘建发：《论抵押房产强制拍卖“除去”租赁权的法律适用》，载贺荣主编：《全国法院第25届学术论文讨论会论文集——公正司法与行政法实施问题研究》，人民法院出版社2014年版，第896页。

居住权人的同等条件下的优先购买权对于拍卖及债权实现无任何不利影响，这与租赁权有着共通之处。

（4）特定情形下，居住权可协商涤除。对于有偿型或附条件型等居住权，原则上不应涤除，但债权人与居住权人仍可基于协商规则，拍卖后预留一定的款项支付居住权人，居住权自愿涤除；如经协商，居住权人仍不同意涤除，拍卖房产时居住权人仍可基于优先购买权在同等条件下竞拍取得所有权，此时，居住权因与所有权发生混同自然归于消灭（见图二）。

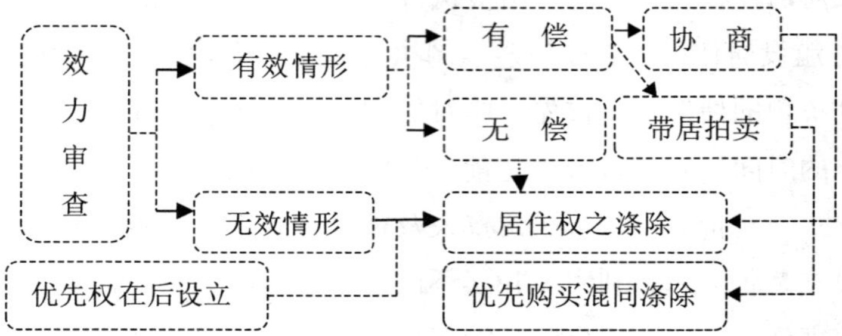

图二　居住权不动产审查处置流程示意图

4. 涤除的方式和时点

对于居住权的涤除方式是以通知形式还是以裁定形式，具体可以参照租赁权的涤除规则。对于租赁权，我国台湾地区相关规定明确以裁定的方式作出。① 执行实践中，法院大多作出拍卖裁定，同时，张贴拍卖公告，并在公告中载明房屋腾空交付异议期限，如承租人在法定期限内提出案外人执行异议，经审查应予依法涤除的，则另行制作不带任何权利负担拍卖裁定书。倘若无法涤除的，则在拍卖中告知拍卖房屋的租赁期限。案外人及申请人不服，可以依法提出执行异议。鉴于我国居住权采取的是登记生效主义，居住权一经成立便产生公示效力。法院在审查居住权时，理应采

① 参见刘建发：《论抵押房产强制拍卖"除去"租赁权的法律适用》，载贺荣主编：《全国法院第25届学术论文讨论会论文集——公正司法与行政法实施问题研究》，人民法院出版社2014年版，第896页。

取更为简洁高效的方式，即在拍卖裁定中直接明确不带任何权利负担拍卖，并载明理由。

5. 涤除后的处理

居住权涤除后，如拍卖成功，法院应向房管部门送达协助执行通知书，要求协助注销居住权并办理所有权过户手续。同时，法院制作分配方案时，考虑对居住权人的安置或补偿分配问题，特别是协商涤除的情形下，可综合居住权设定的期限、类似地段房屋的租金以及涤除后对居住权人的现实影响等因素进行价值确定，必要时可参考专业机构的评估报告，剩余款项再由债权人分配。如有异议，当事人还可以提出执行分配方案异议之诉实现权利救济。如房屋流拍并经变卖未果，合法有效的居住权暂无转换安置必要，则自动恢复，法院无须向房产管理部门送达协助执行通知书要求协助注销居住权登记。

（本文仅代表作者个人观点）

论浮动抵押优先顺位的争议解决

——兼评《民法典》第411条的性质与功能

郑思清*

引言

环视世界上经济进步之国家，莫不是担保制度立法最周密、运用最妥善之国度，而担保制度最本质的特征恰在于优先受偿之性能，甚至可以说整个担保法制的设计均是围绕着优先顺位的确立与实现而展开的。① 浮动抵押是我国动产担保的关键制度之一，学界将其界定为"抵押人以现有或将有的某些动产作为债权的担保，可在正常经营活动中处分其担保物并免受担保权之追及，在债务到期不履行或发生实现担保物权的约定时，担保权人有权就实现抵押权时的动产优先受偿"。② 财产浮动

* 福建省福州市罗源县人民法院办公室主任。

① 参见谢在全：《民法物权论》，中国政法大学出版社2011年版，第632页。

② 参见王仰光：《动产浮动抵押抑或特别动产集合抵押？——对我国〈物权法〉第181、189及189条的理解》，载《法治研究》2012年第11期。

性意味着抵押财产在权利设立之际处于变动不居的状态，决定了其财产登记采概念式登记，但这也与实现抵押权所要求的抵押物具体明确之宗旨相悖，突出了财产浮动性与抵押权实现之间的矛盾。

为应对这一矛盾，立法规定了旨在终止财产浮动性的特有规范，如《物权法》第196条及其进阶优化条款《民法典》第411条，但遗憾的是，它们均未明确自身法律性质。由于《民法典》第411条具有固定财产浮动性的功能，有学者将其视为英国财产封押制度（也称为结晶制度）的法律移植，进而在优先顺位认定上逐渐倾向于自发生法定事由之时，浮动抵押变为固定抵押，抵押权人可就法定事由发生之际的抵押财产行使抵押权，并对后续设立的其他动产担保物权具有对抗效力。[①] 但随着比较法研究的深入，有学者发现我国的浮动抵押制度似乎在主体、客体、实现程序等构成要件上更接近于美国法律上的浮动抵押制度，[②] 在理论上又形成遵循“美式浮动抵押”的主张，即以登记顺序确定优先顺位，不存在复苏浮动抵押效力之说。两种主张分庭抗礼，进一步影响司法实务的统一。

理论和实践对浮动抵押优先顺位的认定分歧，加剧了公众对浮动抵押优先顺位的预期顾虑，导致浮动抵押在司法实践中适用率较低。有学者甚至提出，因浮动抵押的标的物不特定，担保权存在对抗效力不足的风险，我国至今尚无丰富的实践经验予以支持，故对此应少用、慎用。[③] 这进一步反映了明确浮动抵押优先顺位认定规则的迫切性。据此，本文试图通过评析《民法典》第411条在我国浮动抵押制度中的法律性质、功能，继而以此为基础，明确浮动抵押权与其他担保物权竞合的优先顺位认定规则；最后立足于现行立法，正视实现浮动抵押优先受偿权上存在着的问题，提出司法和立法上的意见建议，以期日趋完善我国的浮动抵押制度及其司法实践。

---

① 参见李莉：《论浮动抵押确定制度》，载《环球法律评论》2021年第2期。

② 参见曹明哲：《论动产浮动抵押权与固定抵押权的竞存——兼论价金担保权的设立与适用》，载《金融与法》2020年第10期。

③ 参见曹士兵：《中国担保制度与担保方法》，中国法制出版社2017年版，第310页。

一、浮动抵押优先顺位的认定分歧及成因

浮动抵押优先顺位的认定争议源于所立足理论之间的差异，故有必要针对现行两种理论立场、司法实践及其成因予以充分分析。但应说明的是，基于我国浮动抵押奉行登记对抗主义，故本文所涉浮动抵押的论证均以登记为前提。

（一）分歧的具体呈现

在判断浮动抵押优先顺位时，以是否受财产封押的影响为依据，形成正反两种观点。

第一种理论称之为财产封押决定论，主张浮动抵押优先顺位认定受财产封押的影响，即经财产封押后浮动抵押转化为固定抵押，具备优先与对抗效力，而未经封押的浮动抵押权则处于效力休眠期，欠缺对抗与优先效力，这亦是财产封押的定义。依据该理论逻辑，浮动抵押形成了“抵押权设立→优先权休眠→财产封押→实现抵押权→债权优先受偿”的权利运行逻辑。这意味着财产封押成为浮动抵押的效力分水岭，将浮动抵押的效力分为优先效力休眠的“浮动段”和优先效力复苏的“固定段”。① 这一理论的基础来源于“英式浮动抵押”的逻辑。

第二种理论称之为登记顺位决定论，主张浮动抵押与动产担保物权竞合时，依据《民法典》第414条规定，以登记顺序确定优先顺位。② 这一观点认为浮动抵押的设立及其登记后的对抗效力并没有财产封押的作用，甚至认为我国不存在英国判例法中所谓的财产封押制度，浮动抵押权与其他担保物权在实现抵押权这一层面上不存在差别，这一理论源自《美国统一商法典》，学界称之为“美式浮动抵押”③，由于我国浮动抵押在主客体

① 参见高圣平：《担保法前沿问题和判解研究（第四卷）——最新担保法司法政策精神阐解》，人民法院出版社2019年版，第283页。

② 参见龙俊：《动产抵押对抗规则研究》，载《法学家》2016年第3期。

③ 最高人民法院民事审判第二庭：《〈全国法院民商事审判工作会议纪要〉理解与适用》，人民法院出版社2019年版，第381页。

以及实现抵押权程序上具有相似性，故这一观点在我国逐渐成为一种有力观点。

理论的争议也不乏司法实践的交锋，通过部分典型案例的法理分析，此类争议大体上存在两种裁判观点，一是我国的浮动抵押担保中存在财产封押制度，未经财产封押不发生对抗已依法设立的担保物权的效果；① 二是浮动抵押权经登记后即具备物权公示赋予的对抗效力，即使抵押财产尚未确定。② 可以看出，这两种观点正是英式和美式理论对审判实践的影响。然而，经分析发现，上述案例在释法说理过程中均回避了《民法典》第411条③的运用，更遑论第411条的性质及其功能，即使在赞成财产封押确定论的裁判中，也仅以"浮动抵押需要财产封押"为依据，得出未经财产封押不具备优先受偿效力，④ 回避了第411条本身的定位。

实质上，两个理论差异的根源在于对《民法典》第411条性质的不同理解，即第411条是否属于财产封押制度。作为浮动抵押的直接性规定，《民法典》第396条在立法表述上作了完善⑤，即将其立法表述改为"债权人有权就抵押财产确定时的动产优先受偿"，结合我国《民法典》对浮动抵押立法，此处"抵押财产确定"对应的是《民法典》第411条，但整体上仍以《物权法》第189条为基础，因此，在未厘清《民法典》第411条性质的情形下，上述两种相反的裁判观点将继续在司法实践中呈现不同的声音，这决定了既有学说和裁判反映的问题仍然具有进一步检视的必要。

（二）优先顺位认定分歧的原因

因果关系作为承担法律责任的重要因素，从因果关系角度出发有助于

---

① 参见四川省高级人民法院（2017）川民终1109号二审民事判决书。
② 参见浙江省温州市中级人民法院（2014）浙温商终字第1735号二审民事判决书。
③ 《民法典》第411条对应的是《物权法》第196条，为实现表述的统一性，文章表述中统一表述为《民法典》第411条。
④ 参见山东省青岛市中级人民法院（2014）青金商初字第473号一审民事判决书。
⑤ 这里指将《物权法》第181条的"债权人有权就实现抵押权时的动产优先受偿"立法表述改为《民法典》第396条的"债权人有权就抵押财产确定时的动产优先受偿"。

更好地理解问题之本源，以及问题存在的合理性与矛盾处。因此，审视浮动抵押优先顺位之争议应当从该问题之“因”具体入手。

首先，从制度发展历程上看，据可查询的文献显示，早期的浮动抵押典型案例源于深圳与香港之间的融资担保实践，即1985年深圳特区沙角电厂B厂项目融资事件。① 法律实践引发了理论思考，但囿于该司法实践基于香港法律，系源自英国判例法系，当时我国内地缺乏具体规定，学者的此项研究过程难免限于该案的法制背景，在理论研究上烙下英式法律体系的印记，并影响至今。2007年我国《物权法》首次引入浮动抵押制度，但在主体、客体以及实现程序上均倾向于《美国统一商法典》的立法模式，例如，将浮动抵押的标的物限制在部分动产、设定浮动抵押登记制度等，而这些恰是英式浮动抵押所缺乏或与之不同的。换言之，我国浮动抵押制度受美式与英式浮动抵押制度的双重影响，这让诸多研究者在解释我国浮动抵押制度时存在摇摆，似乎无论站在何种理论立场，均有可支撑之合理性。

其次，从特殊性与一般性的逻辑论证，浮动抵押制度自身具有一定特殊性，一是财产浮动性，抵押财产在设立之际即处于变动不居的状态，财产登记以类型为登记单位，抵押人后续增加的动产将自动纳入抵押财产范围；二是客体特定性，抵押物仅局限于生产设备、原材料、半成品、产品等具有一定生产价值的动产；三是主体有限性，即只有企业、个体工商户、农业生产经营者可以设立浮动抵押。这些特点共同决定了浮动抵押权相比一般抵押权，有其自身特殊性。《民法典》第414条虽规定数个抵押权竞合时按照登记顺序确定优先受偿，且其他可以登记的担保物权参照执行。但第414条仅系一般担保物权竞合的适用依据，而特殊制度往往排斥一般规范适用，例如，同属于新型担保物权的价金担保权便因其自身的特殊性而不适用《民法典》第414条认定优先顺位。② 故而引发浮动抵押是

---

① 参见郭玉军：《国际贷款中的担保》，载《法学评论》1995年第5期。

② 参见高圣平：《担保法前沿问题与判解研究（第五卷）——最高人民法院新担保制度司法解释条文评析》，人民法院出版社2021年版，第417页。

否参照价金担保权而不适用《民法典》第414条的思考，进一步审视，鉴于浮动抵押的特殊性，不适用《民法典》第414条认定浮动抵押优先顺位似乎具有了一定合理性。

最后，从我国现行立法看，《民法典》第411条是专门针对实现浮动抵押权所设规定①，即发生四种法定情形时，发生抵押财产确定的效果，浮动抵押转为固定抵押，才能确定用于实现抵押权的财产范围，这是实现浮动抵押权的前提条件，也恰是英式财产封押制度的核心作用。由此引发《民法典》第411条性质之争议，即是否属于我国的财产封押制度，甚至有学者认为财产封押本质上和抵押财产确定是一个事物。② 这实际上反映了对《民法典》第411条的认知差异影响了浮动抵押优先顺位的司法认定。例如，如果认为《民法典》第411条系我国财产封押制度，那么就意味着非经财产封押必然不享有优先受偿的对抗力，进一步说，若已在《民法典》中规定了财产封押制度，却又在法律适用过程中否认财产封押的制度效果，显然，这一司法行为的正确性有待考究。这似乎意味着，只有遵循财产封押的逻辑才能摆正《民法典》第411条的立法价值，否则将有脱离体系之嫌，难以从立法体系以及理论逻辑上自圆其说。

显然，浮动抵押优先顺位争议不仅缘于浮动抵押特殊性及制度渊源的影响，更深层次的原因是在于对《民法典》第411条性质的不同认识，因为这决定了“财产封押决定论”或“登记顺位决定论”的法律价值取向。对此，《民法典》第411条的性质及其影响是探讨浮动抵押优先顺位争议首要任务。

二、浮动抵押优先顺位争议之化解

法律的价值贵在明确，对法律的确定性理解必将有利于法的实施，担保制度的核心在于优先受偿，因此，确定浮动抵押优先顺位，化解优先顺

① 参见黄薇：《中华人民共和国民法典释义》，法律出版社2020年版，第797页。

② 参见龙俊：《动产抵押对抗规则研究》，载《法学家》2016年第3期。

位之争议，是实现制度价值的根本。

（一）《民法典》第411条的性质

《民法典》第411条是针对实现浮动抵押权而存在的，但因其性质理解不一，制约着浮动抵押优先顺位争议的根本解决，故有必要厘清《民法典》第411条的性质。关于《民法典》第411条的法律性质，归结而言共有两种观点，一是《民法典》第411条是英式浮动抵押的财产封押制度，又称结晶制度，只有经过财产封押，才产生优先受偿权；① 二是《民法典》第411条是对抵押财产确定规则，旨在确定抵押财产的范围和价值，解决财产浮动性带来的实现抵押权困境。② 这两种观点均有己方之理论立场，在民法典时代，依据《民法典》内在的立法逻辑，通过法理解释，笔者赞成主张《民法典》第411条的性质应为抵押财产确定规则，即赞成上述第二种观点。

一方面，在“英式浮动抵押”理论中，财产封押具有双重功能，一是确定有哪些抵押财产，二是复苏休眠中的抵押权优先效力。这涉及如何解释《民法典》第411条。王泽鉴教授曾言，凡是法律，非经解释不得适用，而法律解释必须从文字开始，文义解释正是法律解释的开端，③ 故文义解释在法条适用中通常被认为最为常用且最为基础的解释方法。文义解释奉行的基本原则是所作解释不能超过词句所可能的文义，超过条文的文义射程则逸出了法律解释的范围。④ 这要求一切对法条的解释均应基于法条上存在着的既有名词，依其一般性含义进行解释。《民法典》第411条关于“抵押财产确定”之表述，可以得出旨在确定哪些属于抵押财产，但难以得出具有“浮动抵押经财产封押后具有优先效力”这种复苏抵押权优先效力的意旨，这与英国直接通过判例法确定浮动抵押需财产封押复苏优

① 参见曹士兵：《中国担保制度与担保方法》，中国法制出版社2017年版，第309页。
② 参见王洪亮：《动产抵押登记效力规则的独立性解析》，载《法学》2009年第11期。
③ 参见王泽鉴：《法律思维与民法实例》，中国政法大学出版社2002年版，第220页。
④ 参见张富泉：《民法典视野下的法律解释方法》，载《人民法院报》2021年5月7日。

先效力有所不同。[1] 因此，从单一的“抵押财产确定”之立法表述即推导出《民法典》第 411 条属于财产封押制度，显然是对文义解释的不当扩大。

另一方面，比较法研究的意义是基于法的普遍性考察而得出解决实际问题的方向，[2] 同理，同一部门法中类似制度的“比较研究”，对解决问题的方向探寻，亦具有较大的借鉴价值。浮动抵押的特殊性在于财产浮动性，故在实现抵押权时应先行处理抵押权本身存在着的“不确定”情形，这种“变动性”的存在和应用解决，在我国担保制度中早已有之。例如最高额抵押、最高额保证制度，担保债权在抵押期间处于变动之中，同理，这在实现担保物权时必然引发实现担保物权的困境。对此，《民法典》第 423 条规定了最高额抵押债权确定规则，用以修正债权不特定性带来的抵押权无法实现的矛盾，最高额保证对此参照适用。谢在全教授对此认为，债权确定后，最高额担保的债权流动性随之丧失，债权不特定这一特殊性得到调整。[3] 换言之，其功能是解决了实现抵押权所要求的确定性或特定化。因此，最高额抵押债权确定和抵押财产确定在制度上具有固定浮动因素的相同作用，这既满足比较研究上的“可比性”，又满足功能主义要求的具有相同功能、解决同类社会问题的方法论基本原则。[4] 显然，这为《民法典》第 411 条性质之解释提供了借鉴空间，即第 411 条并非新事物，和《民法典》第 423 条的最高额抵押债权确定规则一致，是基于实现抵押权需要而存在的。

此外，《民法典》的出台无疑是中国民法体系化最难得的良机，保持内部立法体系的一致性是法典化规范的要求。我国《民法典》在担保制度

---

① 参见徐冬根：《论英国判例法对浮动抵押担保发展的贡献》，载《法学》2003 年第 7 期。

② ［日］花见忠：《劳动法的比较法意义》，载《上海师范大学学报（哲学社会科学版）》2009 年第 5 期。

③ 参见谢在全：《民法物权论》，中国政法大学出版社 2011 年版，第 890 页。

④ 参见夏新华：《论比较法学研究中的“可比性”》，载《湖南师范大学社会科学学报》2019 年第 2 期。

上的创新之一是遵循商业信用经济的需求设立了价金担保权，目的之一便是矫正浮动抵押所致的过度优先权。① 因为一旦浮动抵押在财产登记上采概括式，因其流动性的特征，后期新增财产会自动被纳入抵押财产范畴，当以登记顺序确定优先顺位时，后设定的担保物权在顺序上往往劣后于浮动抵押，导致该动产缺乏再融资的剩余价值，再融资路径基本断绝。由于价金担保权具备超级优先属性，不受登记先后之限制，故而能限制浮动抵押的优先效应，进而实现担保制度的平衡。从反面予以论证，如果《民法典》第411条属于英式财产封押制度，那么浮动抵押的优先效力在财产封押之前尚处于效力休眠期，自然无法在动产担保物权竞合之中发挥优先效力，在此情形下，浮动抵押根本无须价金担保权予以限制，这便与价金担保权为平衡浮动抵押权优先性的目的相悖。

综上，无论是从文义解释推导、同类制度解释论的借鉴，还是从价金担保权的制度目的之实现，《民法典》第411条均应当定位为“抵押财产确定规则”，包括财产价值和范围及对应的时间，旨在终结财产流动性，并非英式财产封押制度。

（二）优先顺位认定之路径

单个请求权基础检视不仅包括条文本身，也应检视辅助规范和防御规范。② 浮动抵押优先顺位认定是一个单一却又极其复杂的论题，《民法典》第411条的性质决定了其应作为认定优先顺位的请求权基础，但其复杂性又决定了第411条并非唯一之基础。

首先，适用《民法典》第411条是第一步。当满足《民法典》第411条规定的四种法定情形时，抵押财产浮动性随之终止，用以实现抵押权的抵押财产范围得以确定，抵押财产由种类物转为特定物，财产价值亦基本确定。但司法实践中对《民法典》第411条的财产确定时间的理解存在一

---

① 参见高圣平：《民法典担保制度及其配套司法解释理解与适用》，中国法制出版社2021年版，第746页。

② 吴香香：《民法典编纂中请求权基础的体系化》，载《云南社会科学》2019第5期。

定误差，即是否应当要求抵押权人采取适当措施以实现抵押财产确定的效果。① 值得提出的是，这一主张具有比较法基础，例如我国澳门特别行政区《澳门商法典》第 940 条规定抵押权人应有“通知”之作为。② 但对此，笔者不予认可，一方面，这一观点实质增加了债权人的行为义务，同时这与我国《民法典》第 411 条第 1 项“债务履行期届满，债权未实现”时抵押财产确定之规定相悖；另一方面，浮动抵押制度天然地存在着利益失衡的问题，抵押财产处于抵押人实力控制之下，相对于抵押人，抵押权人对抵押财产处于信息不对称的劣势，若要求抵押权人以实施一定行为来确定抵押财产的时间，当满足《民法典》第 411 条的情形但抵押权人尚未实施具体行为时，将产生抵押财产确定的空白地段，容易诱发抵押人恶意减少抵押财产价值、范围的道德风险，因此，应当明确《民法典》第 411 条规定的财产确定时间应当是自法定事由发生之时，而不需要抵押权人采取具体措施。

其次，依据《民法典》第 414 条实现抵押权是第二步。《民法典》第 411 条修复了财产浮动这一特殊性，故一旦满足第 411 条的条件后，浮动抵押与其他动产抵押并无二致，虽有构成要件上的差别，但本质上可以同等看待，所谓的浮动抵押因财产浮动这一特殊性而类比价金担保权，不适用《民法典》第 414 条、第 415 条规定的主张丧失理论基础。回归解释论的立场，无论是《民法典》第 414 条的“抵押权”和“其他可登记的担保物权”，还是《最高人民法院关于适用〈中华人民共和国民法典〉有关担保制度的解释》（以下简称《担保制度解释》）第 57 条第 3 款“价款优先权”，在涵盖范围上均有浮动抵押的解释空间，如担保物权，抵押权属于其种类之一，奉行登记对抗主义，和债权相比具有优先效力。换言之，当财产浮动性被修正后，浮动抵押优先顺位认定自当回归《民法典》第 414 条抵押权竞合的统一规范。当然，若浮动抵押与动产质押之间发生竞合

---

① 参见浙江省绍兴市中级人民法院（2012）浙绍商初字第 2 号民事判决书。

② 参见王仰光：《动产浮动抵押权制度研究》，法律出版社 2012 年版，第 229 页。

的，应依照《民法典》第415条规定处理，鉴于《民法典》第414条和第415条均以公示顺序认定优先顺位，存在法律适用以及法理上的一致性，故本文不再予以赘述。

此外，在优先顺位认定问题上，应当注意《民法典》第416条价金担保权的作用。价金担保权又称超级优先权，优先于除留置权外的担保物权而受偿，而无论登记顺序之先后。由于价金担保权的立法目的之一是制衡浮动抵押的优先效力，这决定了当浮动抵押权与价金担保权发生优先顺位冲突时，不应适用《民法典》第414条予以认定，而应当依据《民法典》第416条规定，当浮动抵押与价金担保权竞合时，价金担保权优先于浮动抵押权而受偿。但应当明确的是，价金担保权具有法定设立条件，只有在满足价金担保权成立要件时才具有绝对优先于浮动抵押权的效力，否则，应以一般动产担保物权与浮动抵押权的竞合规则论处。

综上，对于浮动抵押优先顺位的请求权基础应当综合予以看待，依据《民法典》第411条固定抵押财产的范围和价值，继而依据第414条规定以登记顺位确定浮动抵押与其他动产担保物权的优先顺位，最后对于价金担保权予以特殊对待，依据《民法典》第416条规定，无论浮动抵押登记顺位先后，均滞后于价金担保权受偿。

三、优化浮动抵押优先顺位实现效果的建议

我国《民法典》对浮动抵押的规定较为原则，在具体规定方面仍有未尽周延之处，尤其在实现浮动抵押优先受偿这一问题上，未尽之处亟待考究，例如实现浮动抵押权时，财产标的是否及于抵押人处置抵押物所得的收益；依据《民法典》第411条确定抵押财产范围和价值时，如何保障抵押人不当处分或管理引发的财产价值贬损风险。

（一）建立动产与收益之间的关联性

依据《民法典》第396条的规定，浮动抵押权的标的物为生产设备、原材料、半成品和产品，且该条并没有采纳“等”这一以简驭繁的立法技术，这意味着除了四类动产，其他动产或者动产转化而来的收益难以被纳

入浮动抵押财产之范畴。由于浮动抵押设立后，抵押人仍有权在经营活动中对抵押物进行处分，这可能造成本属于抵押财产范围的动产经抵押人正常处分而转化为财产收益，此时发生《民法典》第 411 条的情形，若严格按照《民法典》第 396 条，此时已转化为收益的部分动产便已脱离浮动抵押财产范围，不能用于实现抵押权。这导致同一标的物仅因财产形态“动产至收益”的变化，便足以使抵押目的落空。

此种割裂抵押物与收益因果关系的担忧并非仅停留在理论设想之中。在李某全诉彭某明等执行分配方案异议之诉一案中，作为农牧场主的抵押人将圈养牛群设定浮动抵押，因无资力偿还，抵押权人强行进入索要牛群却未果，而抵押人将设定抵押的牛群宰杀出售变现，后抵押权人诉至法院请求对待售牛肉、存于账户中的牛肉出售款依据浮动抵押规定优先受偿。但法院并未认可待售牛肉及牛肉出售款属于浮动抵押的财产范围，驳回了该部分优先受偿诉请。① 分析这一裁判思路可知，依据我国法律规定，浮动抵押的标的物专指四类动产，并不包括财产收益这一无形财产，自然无法将这一出售所得收益纳入优先受偿之范围，其根源正在于我国浮动抵押立法缺乏动产标的与收益的关联性认定。

在比较法上，与我国《民法典》第 396 条规定不同的是，境外其他国家或地区的立法例，基本将浮动抵押的财产范围延伸至动产和应收账款，例如《美国统一商法典》第 9-315 条规定担保物权的客体范围涵盖担保物及其收益，联合国国际贸易法委员会《担保交易示范法》第 10 条规定担保权延及设保资产的可识别收益。将浮动抵押财产范围扩展至应收账款的意义在于加强了浮动抵押的担保效力，解决了上述抵押人处分动产变现且满足实现抵押权情形时债务人责任财产的保值，以消除是动产就优先受偿，而一旦动产变现后就不能优先受偿的逻辑悖论。显然，上述案例的裁判强行切割了抵押物与收益之间的因果关系，这种逻辑悖论亟待矫正。事实上，以利益保护为目的，将私法规范的标的从财产扩展至无形权益的，

---

① 参见四川省绵阳市中级人民法院（2014）绵民终字第 1408 号民事判决书。

在我国较为成熟的私法领域早有存在，例如，相比《合同法》第74条，《民法典》第538条便将合同保全中的撤销权标的从"债权和财产"扩展至债权、债的担保、财产等"财产权益"，旨在消灭因财产形态不同导致的司法适用争议。

因此，无论从境外立法的比较，还是从我国民法立法变迁的意旨来看，均应当将浮动抵押财产范围扩展至处置动产所得收益。① 在运用《民法典》第411条确定抵押财产时，建立动产与收益之间的关联性具有实践和理论逻辑上的必要性，在将来的立法更新时应当予以思考，而在现行法施行的背景下，裁判者应当发挥主观能动性，立足规范本身及其推演，运用解释论技术将与动产处置具有因果关系的收益纳入浮动抵押的财产范围。

（二）建立"财产接管人"制度

《民法典》第411条解决的是何时确定浮动抵押财产的范围和价值，是法律意义之上的抵押财产"数值"确定化，反映的是一种应然状态，但抵押财产确定至拍卖、变卖抵押物往往非即时性，而是一段延续期间，但确定后的抵押财产仍然处于抵押人实力控制下，缺乏外在监管。在此期间，抵押物价值是否悄无声息地"被减少"，则完全取决于抵押人自有道德水平，导致《民法典》第411条在司法适用中流于形式，丧失实质规范功能。例如，发生第411条规定的条件时抵押物的范围为50吨，价值为100万，但到真正拍卖、变卖抵押物时，可能减损至45吨，价值95万，减少的原因可能是抵押人未尽善良管理人的注意义务，抑或是基于自身利益需要实施了一定处分行为等，令《民法典》第411条规定的应然与实然状态呈现差异。因此，如何规范这一问题，使《民法典》第411条回归规范应然效应，是理论研究和司法实务应当思考的问题。

境外国家的立法、司法实践也可以作为我们优化浮动抵押制度的参考。作为浮动抵押制度的发源国之一，英国首先值得借鉴，英国通过判例

---

① 李敏：《论我国浮动担保制度的系统性完善》，载《法学》2020年第1期。

法确定了接管人制度，作为浮动抵押的配套制度。① 英国法上的财产接管人可以由债权人直接委任，也可以由法院直接指定担任，当符合条件时，债权人根据协议向法院申请指派人员充当担保财产的接管人，负责监管抵押财产，收取抵押财产所生利益，甚至对抵押财产进行商业化运作，以复苏抵押财产的经济效应。1986 年《英国破产法》修订，进一步规定了接管人制度，对接管人提出了资质要求，即应由具有专业技术能力的会计师事务所或者律师事务所担任。② 在大陆法系国家中，《日本企业担保法》第 21 条、第 22 条规定了接管人制度，但相比英国的债权人申请制，日本的接管人制度启动则更倾向于依职权启动型，法院受理实现浮动抵押（日本称之为企业担保权）诉请后，依职权查封担保财产并委任财产管理人对抵押财产进行直接管理。因此，在我国将来的立法变更中，可将接管人制度引入浮动抵押制度，以衔接《民法典》第 411 条，作为实现浮动抵押权的后端程序。

但值得提出的问题是，在我国立法缺乏接管人制度的背景下，司法实践如何防范财产价值确定后的不当流失风险。

既有立法例呈现的立法逻辑和规范思路是一定社会基础的法制化，故以既有立法例为参考导向，探寻类似法律制度的优化具有一定科学性。市场经济时代的动产担保不再仅聚焦于担保物的交易价值，更在于维持担保动产的使用价值，为此我国 2021 年施行的《担保制度解释》首次提出了“概括描述”的担保物规范。依据《担保制度解释》第 55 条的规定，在以数量、品种等概括描述能够确定范围的货物出质的，债权人、出质人和监管人可以共同约定由债权人委托监管人监管并实际控制质物。该条规定以概括性动产设立的质权，并针对质物的非特定属性，引入债权人委任监管

---

① See Roy Goode, Goode on Commercial Law, LexisNexis, 2004, p. 176.

② 参见张义华：《论我国浮动抵押接管人制度的构建》，载《河南财经政法大学学报》2012 年第 4 期。

人机制，以衔接动产质权交付设立的规定。① 值得提出的是，该条与浮动抵押具有共通性，一是担保财产未特定、非具象，以概括描述予以识别；二是担保财产在拍卖、变卖前仍处于担保义务人实力控制之下，担保义务人的道德意识对担保标的物的价值减损具有引导力。故“概括性动产质权”已既有委任监管人的现行立法，在发生《民法典》第411条规定的情形至拍卖、变卖财产期间，浮动抵押财产当然可以由接管人实际控制管理。应当说明的是，该条关于监管人之规定和本文主张建立的接管人制度虽在文义上略有区别，即监管侧重于监督，而接管侧重于转移占有，其管理控制程度往往重于监管，但由于该条要求监管人一并实际控制标的物，故该条的监管人与本文主张的接管人具有实质的同一性，故为统一文章表述，以下统称为接管人。

由此可见，在现行立法下，接管人制度具有适用的可行性，但如何适用依然值得思考，这涉及的重要问题就是接管人的选择。《担保制度解释》第55条仅规定债权人、出质人、监管人可依三方约定委任接管人实力控制担保财产，但未明确接管人是否有资质要求。该条适用的前提是当事人之间具有委任的约定，若浮动抵押设立中，当事人约定了具体的财产接管人，则可以参考《担保制度解释》第55条规定，结合私法领域意思自治原则，法院在裁判过程中，应尊重当事人之间的委任接管人约定。然而问题在于，我国浮动抵押司法实践尚不成熟，浮动抵押往往不存在委任接管人之约定。民事裁判的功能在于定分止争、明晰责权，在缺乏约定的情形下，如果明知抵押财产有价值减损的可能性，却仍放任抵押人恶意损之，显然有悖法治之精神和裁判之要义，因此，在缺乏明文约定的情况下，笔者认为，法院宜参照日本的职权启动模式，组织债权人与出质人共同委任接管人，无法共同委任的，则由法院指派人员接管。

然而，面临的问题在于，现阶段我国审判机关尚未大面积引入浮动抵押财产接管人，缺乏此类专家机构的名单库，法院如何选定委任对象成为

---

① 参见程啸、高圣平、谢鸿飞：《最高人民法院新担保司法解释理解与适用》，法律出版社2021年版，第348页。

司法裁判的难点。

委托接管人的职责是管理委托物，本质是特定领域管理价值的延伸。实际上，对于引入特定管理人助推债权实现的立法，我国早已有之，我国《企业破产法》第三章专门规定了破产管理人制度，其第 24 条规定，管理人可以由有关部门、机构的人员组成的清算组或者依法设立的律师事务所、会计师事务所、破产清算事务所等社会中介机构担任。法院在启动破产程序时指定管理人接管破产企业的资产，负责企业的财产管理和负债清理。从管理职责上，这为破产管理人的职责与本文所述的抵押财产接管人具有一定的相似性，为破产管理人与浮动抵押委托接管人搭建了桥梁。随着《最高人民法院关于在中级人民法院设立清算与破产审判庭的工作方案》（法〔2016〕209 号）的颁布，各地省会城市和副省级城市的中级、高级人民法院逐步设立破产与清算审判庭，破产清算业务逐渐成为法院一大独立、特色业务，经法院核定的破产管理人机构“遍地开花”，在破产管理人制度实践成熟、机制完善的背景下，法院借鉴破产管理人的资质依职权委任，保障了接管人的专业力量，使浮动抵押财产接管人纳入现有法制之规范，享有程序上的合法性保障。当然，因选任管理人产生的管理费，亦可以参照破产程序中，优先以拍卖、变卖抵押物所得价款支付管理费。

结语

浮动抵押权由于其财产浮动性的典型特征，导致其在构成要件、实现抵押权等方面存在着特殊性，结合浮动抵押制度渊源的影响以及对《民法典》第 411 条性质之理解差异，形成了财产封押决定论或登记顺位决定论两种鼎足之理论。对此，从文义解释的谦抑性角度、同类担保制度解释论的借鉴以及价金担保权的立法目的上分析，《民法典》第 411 条的性质均应当定位为抵押财产确定规则，包括财产价值和范围及其对应的时间，其性质与最高额抵押、最高额保证制度中的债权确定规则一致，旨在终结因担保元素变动形成的特殊性，使其回归一般担保物权实现程序。因此，在实现浮动抵押优先受偿权时，应先依据《民法典》第 411 条固定抵押财产的范围和价值，继而依据《民法典》第414条规定以登记顺位确定浮动抵押与其他动产担保物权的优先顺位，最后对于价金担保权予以特殊对待，依据《民法典》第416条规定，无论浮动抵押登记顺位先后，均滞后于价金担保权受偿。此外，应正视我国浮动抵押制度在立法上的不足，在现行审判实践中，应通过因果关系解释将浮动抵押的财产范围扩展至收益，在未来立法修订应建立动产与收益之间的关联机制，并参照比较法以及我国破产管理人制度，引入财产接管人制度，以健全浮动抵押制度。判

（本文仅代表作者个人观点）

论比例原则融入失信惩戒机制*

虞李辉**

一、问题的提出

2014年国务院印发了《社会信用体系建设规划纲要（2014—2020年）》（以下简称《纲要》），作为中国首部国家级社会信用体系建设专项规划，其中强调要完善以奖惩制度为重点的社会信用体系运行机制，健全守信激励和失信惩戒机制。① 社会信用体系运行机制是保障社会信用体系中各系统、各规范之间协调运行的制度基础。运行机制的内容涵盖范围十分广泛，但其中最为突出的莫过于守信激励和失信惩戒，这两者直接作用并影响社会信用信息主体的相关行为，是社会信用体系运行机制中的核心组成部分。守信激励和失信惩戒都是为了匡正社会风气，传承和倡导诚信这一传统美德，通过对社会信用信

---

* 本文系教育部重大攻关项目“我国社会信用重大立法问题研究”（项目编号：19JZD017）的阶段性研究成果。

** 华东政法大学经济法学院博士研究生。

① 参见《社会信用体系建设规划纲要（2014—2020年）》，载中国政府网 http://www.gov.cn/xinwen/2014-06/27/content_2708964.htm，访问时间：2021年1月17日。

息主体的守信行为进行奖励，对社会信用信息主体的失信行为进行惩戒，从而增强全社会的诚信意识，改善中国经济社会发展的信用环境。

（一）“守信激励”和“失信惩戒”的实践检视

守信激励和失信惩戒的内容十分丰富，在2016年国务院出台的《关于建立完善守信联合激励和失信联合惩戒制度加快推进社会诚信建设的指导意见》（以下简称《守信激励失信惩戒指导意见》）中有所体现。① 在守信激励和失信惩戒的运行机制背后，我们可以看出这是政府作为社会信用信息管理的一方与信用信息主体作为被管理的一方，两者之间的博弈和利益对抗。

对于守信激励而言，其在社会信用体系中不存在过多的困境和争议，政府可以为守信主体提供行政审批的“绿色通道”以加快其办理进度；可以为守信主体优先提供公共服务便利，通过财政性资金项目安排和招商引资配套等优惠政策给予其重点支持和优先便利；也可以为守信主体优化行政监管安排，在日常检查、专项检查中优化检查频次；等等。具体而言，守信激励的运行机制给信用信息主体带来的是增益，是对其守信行为的认可，并不会给信用信息主体造成负面影响，我们在制度设计方面需要完善的无非是以清单模式将具体的守信行为和激励措施列入其中，以具体的、明文的规定来引导信用信息主体守信，并避免社会信用管理部门、市场监管部门和公共服务机构等机关、部门的工作人员滥用权力，以守信激励的运行机制为自身牟取私利。

对于失信惩戒而言，其在社会信用体系中却存在许多的困境和争议，也是本文需要着重分析和解决的问题。首先，失信惩戒是以现有的行政处罚为基础而实施的，例如吊销执照、拘留、罚款等。其次，各级政府建立了各行业的黑名单制度和市场退出机制，通过在市场准入、资质认定、行

① 参见《关于建立完善守信联合激励和失信联合惩戒制度加快推进社会诚信建设的指导意见》，载中国政府网 http：//www.gov.cn/zhengce/content/2016-06/12/content_5081222.htm，访问时间：2021年1月19日。

政审批等方面来实施信用监管；各行业协会制定相关的自律规则，通过警告、通报批评、公开谴责等方式来监督行业内部会员遵守规则。最后，为了警示潜在的失信行为和惩罚现有的失信主体，自 2015 年以来，许多部委都签署了联合惩戒的合作备忘录，① 以跨部门联合惩戒的模式来逐步形成“一处失信，处处受限，让失信者寸步难行”的信用惩戒大格局。② 社会信用体系中的运行机制背后所蕴含着的政府与信用信息主体之间的博弈和利益对抗，在失信惩戒过程中尤其突出。中国政府公权力强盛是长久以来不争的事实，一旦出现权力的肆意滥用、过度扩张就会损害到信用信息主体的合法权益。当信用信息主体出现失信行为时，我们需要通过惩戒措施对其进行惩罚，以督促其纠正失信行为和改善失信状态，但是现阶段我们并不明确惩戒措施的边界，惩戒措施实施的过程中存在许多不合理的情形，甚至存在诸多违法现象。对此，我们需要以联合惩戒在实践中存在的问题作为切入点，深入分析政府、法院等公权力机关与信用信息主体之间的关系，通过方法论来指引惩戒措施在社会信用体系中的适用。

（二）失信惩戒机制中缺失比例原则的现实困境

在《纲要》的指引下，截至 2020 年年底，全国多个省市都已出台与社会信用相关的法规和规章。我国社会信用体系已初步建立，失信惩戒的运行机制在社会信用体系中也已基本形成。随着中共中央《法治社会建设实施纲要（2020—2025 年）》的印发，我国社会信用体系建设已经步入了新的阶段。③ 为了创造良好的信用环境，提高全社会的诚信意识和信用水

---

① 例如：由国家发展和改革委员会和国家市场监督管理总局牵头，共 38 个部委签署的《失信企业协同监管和联合惩戒合作备忘录》；由国家发展和改革委员会和最高人民法院牵头，共 44 家单位签署的《关于对失信被执行人实施联合惩戒的合作备忘录》等。

② 习近平总书记多次在会议中强调要构建“一处失信，处处受限”的信用惩戒大格局；李克强总理在 2014 年政府工作报告中提及“让失信者寸步难行，让守信者一路畅通”。

③ 参见《法治社会建设实施纲要（2020—2025 年）》，载中国政府网 http://www.gov.cn/xinwen/2020-12/07/content_5567791.htm，访问时间：2021 年 1 月 19 日。

平，我们需要推动出台信用方面的法律，其中急需完善失信惩戒制度。① 如前文所述，当前我国失信惩戒制度方面存在许多困境，除了存在个别失信惩戒的依据违反上位法规定之外，失信惩戒机制在实践中最多的问题就是惩戒的范围存在过度扩张的情况，这也是本文需要着重讨论分析的。惩戒范围的过度扩张是有相应法律依据的，且不违反上位法之规定，只是在社会信用联合惩戒的实践中，执法机构在价值选择、惩戒措施实施的过程中存在偏差，过度扩张惩戒权力，泛化失信和联合惩戒带来的不利后果，最终侵害失信行为人的合法权益。对此，我们需要结合现实状况和实际案例来指出联合惩戒机制在社会信用体系中的困境所在。

1. 侵害隐私权及个人信息

国家对于公民隐私权和个人信息保护的程度在逐年加强，意图更好地保护权利人的合法权益，但是国民尊重他人隐私权和个人信息的意识还是相对淡薄。不论是新冠肺炎疫情期间，对于感染者的姓名、家庭地址、联系电话、身份证号等个人信息的传播，还是前些年互联网上刮起“人肉”他人的浪潮，公布他人个人信息、侵犯他人隐私权的现象都是层出不穷。同理，在信用联合惩戒的过程中也存在大量侵犯他人隐私权，泄露他人个人信息的情况。

以失信主体中最为典型的失信被执行人进行举例说明，根据《最高人民法院关于公布失信被执行人名单信息的若干规定》（以下简称《失信被执行人名单规定》）第6条第2项之规定，若失信被执行人为自然人，那么记载公布的信息应当包括其姓名、性别、年龄、身份证号码。对此，在实践中，各地各级法院在公布失信被执行人名单的时候存在较大差异，其中争议最大的当属失信被执行人的身份证号码是否应当完全公开。笔者在查询和梳理各地法院公布的失信被执行人名单之后发现，有的法院将失信被执行人的头像、姓名、年龄、家庭地址、身份证号码以及案件信息完全

① 社会信用方面的立法项目已经纳入了第十三届全国人大常委会第三类立法项目，即立法条件尚不完全具备、需要继续研究论证。

公开，有些甚至将名单在法院和商业中心等人流密集之处进行公开播报。与其相对的是，多数法院会在公布失信被执行人名单之时隐去失信被执行人身份证号码中的四位数甚至更多。此外，在最高人民法院管理的中国执行信息公开网中，民众可以通过输入失信被执行人的姓名来查询其失信信息，其中可以得知案号、被执行人的履行情况以及其他相关信息，但是也都没有公布失信被执行人的家庭地址并且隐去失信被执行人身份证号码中的四位数字。

做法不一导致权力边界不清晰，《失信被执行人名单规定》第6条第2项中提及被执行人身份证号码，却没有明确是否应当隐去四位数字以保护失信被执行人的隐私权和个人信息。从《失信被执行人名单规定》第6条第6项中我们可以看出中央层面的价值取向，即法院在公布失信被执行人名单时应当隐去包括涉及个人隐私的事项。① 每个公民只有一个身份证号码，根据《民法典》第1034条之规定，身份证件号码属于能够识别特定自然人的个人信息。在最高人民法院对于身份证号码是否应当隐去作出明确规定之前，有的法院为了加强执行力度，敦促失信被执行人履行义务，而完全公开其身份证号码这一极为敏感的个人信息，使得联合惩戒范围过度扩张，实属过当失权。在万物互联的大数据时代，身份证号码的轻易曝光会让潜在的不法分子有机可乘，从而侵害失信被执行人的合法权益，这种惩戒方式与失信被执行人的过错程度明显不成比例。②

2. 侵害受教育权

受教育权有两个层面，其一是公民有权利受到教育，其二是国家为公民受教育提供、创造必要的教育资源和教育机会，这是我国《宪法》赋予我国公民的一项基本权利，是人权的体现。虽然现阶段我国没有中央层面

① 参见2017年修正的《失信被执行人名单规定》第6条第6项："记载和公布的失信被执行人名单信息应当包括：（六）人民法院认为应当记载和公布的不涉及国家秘密、商业秘密、个人隐私的其他事项。"

② 参见罗培新、虞李辉：《公布"老赖"信息须遵守最小够用原则》，载《中国市场监管报》2021年2月27日。

的社会信用立法，但是从各地社会信用相关的法规和规章来看，我国社会信用体系所管理和规范的自然人仅指完全民事行为能力人，将限制民事行为能力人和无民事行为能力人排除在外，所以实践中受到信用惩戒的大多为成年人，而因信用惩戒使受教育权遭到侵犯的大多为未成年人。

由于我国地域经济发展差异较大，现阶段各地教育资源分配也不均衡，部分民众会选择携带子女去经济较为发达的地区就业、生活，并让子女在当地享受更好的教育资源。2016年，根据《苏州市义务教育阶段流动人口随迁子女积分入学实施细则（试行）》，对流动人口的子女入学实施积分管理，简而言之就是在达到一定积分之后随即可以申请入学苏州市的公办学校。某个人独资企业的经营者为了给子女申请入学，长久以来经营状况良好、遵纪守法、按时纳税，却因为自身公司没有按时报送两年前的年报而被工商部门纳入了经营异常名单，并导致其子女积分不足而不能申请入学，虽然之后该经营者及时补报年报，被移出经营异常名单，其子女也顺利入学，① 但是该案例背后蕴含的价值取向却值得我们思考，此处也仅讨论经营者没能及时补报，子女没能顺利入学的情形。根据《企业信息公示暂行条例》第17条第1款第1项之规定，无论主观恶意与否，该经营者没有按规定期限公示年报确实违背相关规定，② 但是没有公示年报的行为应受到的惩戒是否应当影响子女的入学申请，换言之，是否应当限制和剥夺该子女的受教育权。

剖析纳入经营异常名单的惩戒措施以及子女申请入学受到限制的惩戒结果之后，笔者认为这其实是一个法益的位阶问题。《企业信息公示暂行条例》的存在是为了保障公平竞争，促进企业诚信自律，规范企业信息公示，强化企业信用约束，维护交易安全。经营者违反规定被纳入经营异常

---

① 参见《6类企业失信行为被联合惩戒》，载中国江苏网 http://www.jschina.com.cn/9654/201706/t20170621_4258406.shtml，访问时间：2021年1月23日。

② 《企业信息公示暂行条例》第17条第1款第1项规定：企业未按照本条例规定的期限公示年度报告或者未按照工商行政管理部门责令的期限公示有关企业信息的，由县级以上工商行政管理部门将其列入经营异常名录。

名单这一惩戒措施本身不存在任何问题，是合法合理的。此外，为了更好地分配教育资源，更好地管理教育人员，更好地发展教育事业，各地都有各地的入学标准、入学要求，例如籍贯、户口、年龄要求等，这也是合法合理的。但是由于经营者的经营状况与经营者子女的受教育问题，因流动子女的入学政策而紧密地联系在一起，故相关机构在采取该惩戒措施、处理子女入学问题时需要深思熟虑。根据我国《宪法》第 46 条第 1 款之规定，我国公民有受教育的权利和义务，这是一项基本的人权。如若经营者子女因籍贯、户口、年龄等因素不能入学，或者经营者本身经营状况不达标，隐瞒真实信息、弄虚作假（主观恶意，存在欺诈）导致子女积分不够入学，那么不存在任何争议。但是如若经营者只是由于个人疏忽违反了相关规定（主观过失，不存在欺诈），并且可以对此进行补救（移除经营异常名单），那么就应当审慎处理经营者的失信问题，以相关联的方式来对此进行惩戒，不应当直接限制该经营者子女的申请入学。《企业信息公示暂行条例》所要求的是对市场规范的遵守和执行，属于市场经济活动中的法益，受教育权是由《宪法》赋予公民的基本权利，属于公民的基本法益，两者相衡之下，受教育权应当优先受到保护，权力机关因经营者违反公示年报的规定而不给其子女加上相应的积分，进而限制其子女入学，属于过当失权，有违失信惩戒之初衷。

二、比例原则融入失信惩戒机制的法理和逻辑

近年来，失信惩戒的滥用遭到多方质疑，例如应松年教授对失信惩戒的本质和边界都提出了相当切近的质疑。① 社会信用体系中的失信惩戒机制涵盖范围极广，不仅包含传统上行政机关在市场准入、市场监管、行政审批、资格认定等方面的惩戒，还涉及证券监管、海关、银行、法院、民航铁路等部门对公司设立、债券发行、自然人任职资格、授信、高消费及

① 2018 年 12 月 1 日，在“落实产权保护精神，助力民营经济持续发展”研讨会上，应松年教授对信用黑名单的法律性质、权力主体、来源依据都提出了相当切近的质疑。

有关消费、出入境等多方面的限制，我国的失信惩戒机制可谓全方位、多层次。现阶段，在简政放权、大力推进政府"放管服"的背景下，以法治的方式推进社会信用体系建设，完善失信惩戒机制就显得极为重要。

（一）比例原则的内涵及其延伸

1. "四阶"理论的由来及其体现

比例原则（principle of proportionality）起源于德国，在将比例原则引入国内的时候，我国同样吸收了德国传统的"三阶"比例原则理论，并认为传统的比例原则有三大派生出来的子原则，即适当性原则、必要性原则和狭义比例原则（又称"衡平性原则"）。① 在传统的"三阶"理论上，以刘权教授、蒋红珍教授为代表的部分中国大陆学者认为这三个子原则无法判断公权力行为的目的正当与否，即我们急需引入目的正当性原则来完善整个论述体系。② 此外，由于受到美国三重审查基准③的影响，以许宗力教授、林子义教授为代表的部分我国台湾地区学者对比例原则的诠释也作出了相应调整。④ 我国香港地区对比例原则采用"四阶"理论，香港终审法院在2020年对《禁止蒙面规例》进行审查时就有提及，对私权利的限制是否合法需要从以下四点进行审查：（1）该措施是否追求合法的目标；（2）如果是，那么该措施是否有助于目标的实现；（3）该措施对于目标的实现而言是否是必要的；（4）在所促进的社会利益与受保护权利的侵

---

① 传统"三阶"比例原则的形成标志是1958年德国联邦宪法法院作出的药房案判决BVerfGE 7，377-Apotheken-Urteil。

② 参见刘权：《目的正当性与比例原则的重构》，载《中国法学》2014年第4期；参见蒋红珍：《论比例原则——政府规制工具选择的司法评价》，法律出版社2010年版，第111页。

③ 美国三重审查基准为：合理审查基准（rational relationship test）、中度审查基准（intermediate scrutiny test）、严格审查基准（strict scrutiny test）。

④ 参见许宗力：《从大法官解释论比例原则与违宪审查》，我国台湾地区台湾大学法律学系暨研究所2001年研究计划；林子义：《言论自由的限制与双轨理论》，载李鸿禧教授六秩华诞祝贺论文集编辑委员会编：《现代国家与宪法——李鸿禧教授六秩华诞祝贺论文集》，我国台湾地区月旦出版社1997年版，第639~707页。

犯之间是否达到了合理的平衡，特别需要追问社会利益是否给个人带来了不可接受的沉重负担。[①]

不论是否将目的正当性原则加入传统的比例原则，我们发现比例原则的核心要义就是衡量目的和手段，以遏制公权、保护私益。但是在衡量目的和手段之前，我们需要明确该目的是否正当，若不符合目的正当性原则便没有进一步讨论的必要，只有符合宪法所确认的目的，对于公权力的限制才有可能是正当的。[②] 故，笔者也将以“四阶”理论对失信惩戒机制进行后续分析。

2. “四阶”理论在失信惩戒机制中的具体内涵

（1）目的正当性原则

目的正当性原则在传统的“三阶”比例原则适用之前应当得到先行审查，以确保公权力的行使、对私权利的限制是符合宪法、行政法内在要求的。宪法是国家的根本法，其中蕴含着“民主、法治、人权”这些具有普适性的宪法精神，宪法对于公民基本权利的规定是对具体人权的法律保障。[③] 行政法是国家进行行政管理的法律法规，但是其重心在于限制和规范公权力的行使，意图保护行政相对人的合法权益。如若公权力的行使、对私权利的限制不符合宪法和行政法的内在要求就意味着不符合目的正当性原则。

公权力机关实施失信惩戒时应当遵循的是“尊重和保障人权”“法无授权不可为”这些基本原则和精神。在对失信行为人进行惩戒的过程中，如若惩戒措施的实施侵犯人权，抑或是惩戒措施的来源依据存疑，存在下位法违反上位法之规定，法律没有授权其进行惩戒的情形，那么公权力机关的惩戒行为将直接违反目的正当性原则，便没有继续进行传统的“三

① See Leung Kwok Hung v. Secretary for Justice, 2020, HKCFA 42; See Hysan Development Co Ltd v. Town Planning Board, 2016, 19 HKCFAR 372; See HKSAR v. Choi Wai Lun, 2018, 21 HKCFAR 167.

② 参见范进学：《论宪法比例原则》，载《比较法研究》2018 年第 5 期。

③ 参见李步云：《论宪法的人权保障功能》，载《中国法学》2002 年第 3 期。

阶”比例原则适用的必要。

（2）适当性原则

适当性原则又被称为“合目的性原则”“有效性原则”，具体是指国家公权力机关行使的公权力必须要有助于最终目的的达成。在满足目的正当性原则这一前提条件之后，公权力机关行使公权力需要围绕一个具体的目的进行展开，即两者之间需要存在一定的关联性，公权力的行使能够推动这一具体目的的实现。① 反之，如若公权力的行使与最终目的的实现毫无关联，抑或是与最终目的的实现起到相反作用，那么便是违反适当性原则。

在社会信用体系中，公权力机关对失信行为人进行失信联合惩戒也需要遵循适当性原则。最基本的要求就是对于失信行为人的失信行为进行惩戒，而非置之不理、消极处理甚至是对其进行奖赏激励。此外，公权力机关对失信行为人进行惩戒的这一行为必须要与公权力机关意图达到的目的之间存在关联性，即通过失信惩戒措施让失信行为人承担相应的责任，警示潜在的失信行为人，保障社会信用体系的运行和发展。

（3）必要性原则

必要性原则又被称为“最小侵害原则”，具体是指当公权力机关有多种措施可以实施并达成其最终目的时，应当采取对公民侵害最小的一种，这一原则是从公权力机关的手段这一角度进行考量。究其根本，在比例原则的四个子原则之中，必要性原则最能体现公权力机关和以公民为代表的私主体之间的关系。由于公权力是社会组成人员通过法律让渡给公权力机关行使的，② 所以公权力强盛是每个国家不可避免的现实，问题在于如何限制公权力的行使，在公权力机关维护和实现社会公平正义的过程中如何最小地侵害私权利。通俗来讲，必要性原则要求公权力机关不能“杀鸡取

① 参见纪海龙：《比例原则在私法中的普适性及其例证》，载《政法论坛》2016年第3期。

② 参见［德］弗里德里希·恩格斯：《家庭、私有制和国家的起源》，人民出版社2018年版，第63~82页。

卵”“涸泽而渔”。①

在公权力机关进行失信惩戒的过程中也需要贯彻必要性原则。当公权力机关对于失信行为人作出的某一失信行为有多种惩戒措施可以进行选择时，应克制自身权力，以保护私主体权利为出发点，以侵害该失信行为人权利最小的一种措施对其进行惩戒，而不能不考虑公权力行使给相对人带来的后果，或是肆意滥用公权力，侵害私权益。

（4）狭义比例原则

狭义比例原则又被称为“衡平性原则”。顾名思义，公权力机关因行使公权力给私主体造成的权利侵害需要与公权力机关意图达成的目的之间符合一定比例，形成相当的衡平状态。该原则与必要性原则有共性也有差异，共性在于两者都是为了遏制公权、保护私益，差异在于必要性原则注重公权力机关的手段，狭义比例原则更关注手段造成的结果，两者处于不同阶段。狭义比例原则实质上包括，造成的损失大于目的和造成的损失小于目的这两种情况，但是在公权力强盛不可避免的实践中，后者几乎不可能发生，或者公权力机关可以通过后续手段进一步行使公权力，所以我们往往只需要避免公权力机关给私主体造成的损失大于目的即可。

公权力机关在对失信行为人惩戒的过程中需要符合狭义比例原则所体现的这种“中庸”“中道”的思想，让失信行为人的过错与公权力机关对其进行失信联合惩戒所造成的损失之间存在合理的比例，保持相对的衡平。我们所讲的“一处失信，处处受限”只是倡导诚信、警示失信的口号，② 在真正进行失信惩戒的过程中，我们并不能将其当作一种原则或规定来具体落实，而应当具体问题具体分析，做到“过罚相当”，让侵害的法益和惩戒措施相对称，以限制公权力、保护私权益。

（二）比例原则对于失信惩戒机制的意义

比例原则来源于行政法，却也早已跨越部门法的疆界，广泛适用于其

① 参见陈景辉：《比例原则的普遍化与基本权利的性质》，载《中国法学》2017 年第 5 期。

② 参见沈岿：《社会信用体系建设的法治之道》，载《中国法学》2019 年第 5 期。

他法律领域，成为现代法治社会中具有普遍性和根本性的指导原则。① 这种能够防止公权力过度扩张，保护私权利因此受到侵害的精神不仅在实体法中有所体现，也逐渐延伸至程序法当中，毕竟对于私主体而言，许多时候程序正义重于实体正义，程序上限制公权力也能保护私主体的合法权益。

1. 明晰失信惩戒措施的边界

比例原则对于失信惩戒机制而言，最为直接的意义便是能够明晰失信惩戒机制的边界。自2014年国务院出台《纲要》，2016年出台《守信激励失信惩戒指导意见》以来，我们一直都在思考失信惩戒机制是否有边界、边界在哪的问题。社会信用早已延伸至人民生活的各个角落，这不仅关乎经济治理，更关系到社会治理和理念导向。不同于西方以市场为主导的征信体系，我国的社会信用体系在前者基础上进行了创新和发展，将社会生活治理方面的信用状况也纳入了信用体系，也称之为公共信用信息体系。②

在市场为主导的征信体系中，信用信息主体之间往往处于平等地位，可以根据对方信用状况，自行采取防御措施来提高交易条件，例如：提供担保、提高利率，或者直接拒绝与信用状况差的对方进行交易，以保护交易安全。故，在市场为主导的征信体系中不存在所谓的地位不平等的情况。但是在公共信用信息体系中，主体是地位不平等的公权力机关和私主体，前者有权力来管理后者的信用行为，公权力的行使可具体表现为行政行为和司法行为等。③ 虽然我们社会的主流价值观倡导保护弱者，但是就人性而言，强者不可避免地滥用权力进而侵害弱者权益。在我国，公权力机关需要在比例原则的引导下作出失信惩戒，比例原则也能积极作用于失信惩戒机制。前文提及，现阶段我国失信惩戒机制中存在诸多问题，例如惩戒措施的依据存疑、惩戒措施有过度扩张的情形。对此，我们运用比例

① 参见陈璇：《正当防卫与比例原则》，载《环球法律评论》2016年第6期。

② 参见罗培新：《善治须用良法：社会信用立法论略》，载《法学》2016年第12期。

③ 参见王伟：《失信惩戒的类型化规制研究——兼论社会信用法的规则设计》，载《中州学刊》2019年第5期。

原则对惩戒措施进行审查可以避免这些问题的发生，在惩戒措施的依据存在下位法违反上位法，甚至缺乏法律依据，违反“法无授权不可为”的基本原则时，可以通过目的正当性原则进行审查排除；在惩戒措施过度扩张，侵害私主体的隐私权、个人信息权和受教育权等合法权益时，可以通过适当性原则、必要性原则以及狭义比例原则进行审查排除。对于失信惩戒而言，并非惩戒力度大、涉及范围广、受众人数多就是过度扩张，也并非惩戒力度小、涉及范围窄、受众人数少就是合理恰当。失信惩戒机制应当在比例原则的引导下，针对具体的失信行为，作出相对应的惩戒措施。总的来说，比例原则能够通过明晰惩戒措施的边界而直接作用于失信惩戒机制。

2. 尊重和保障人权

比例原则对于失信惩戒机制而言，最为重要的意义便是能够充分尊重和保障人权。社会信用体系建立的前提是解决了诚信这一传统美德与现代社会中的法律之间的关系，完成“以德入法”，所以我国的社会信用体系中充满了传统的道德因素。在实践中我们发现失信惩戒一定程度存在对公民道德的过度审判，侵犯人权的情况，例如：公开失信被执行人的全部身份证号码、详细家庭地址，抑或是侵害失信行为人子女的受教育权等基本人权。除了上述典型的侵权案例之外，社会信用体系中的失信惩戒本身就带有较为强烈的负面评价、负面批判性质，这和价值取向是“信用”所固有的。与企业等市场主体相区别的是，自然人作为社会信用体系中的一类主体拥有宪法所保障的人权。人权源于人的本性、人格、尊严和价值，① 人权的存在令我们在行使公权力进行失信惩戒时，不得不作出不同于法人、非法人组织的惩戒措施，不得不去尊重和保障人权。

在现代法治社会中，公法的精神在于通过调和、平衡公共权益和私人权益之间的关系来保障人的尊严、民主和人权。② 比例原则作为公法的基

---

① 参见李步云、陈佑武：《论人权和其他权利的差异》，载《河南社会科学》2007年第1期。

② 参见姜昕：《比例原则研究》，法律出版社2008年版，第135页。

本原则，有学者甚至将其看作公法领域的“帝王条款”，认为其对于公法的意义相当于诚信原则对于民法的意义。① 私主体的权利按照性质不同可以将其分成相对可以侵犯的权利，例如财产权、隐私权；以及绝对不可以侵犯的权利，例如受教育权、人格尊严等。对于前者，有学者认为，当出现位阶高于前者的权益需要保护时可以相对侵犯前者，例如：为了保护公共利益的需要而侵害个人权益。但如若侵犯过度也会上升至人权层面，也可能出现侵犯人权的可能性，我们可以称之为广义的人权，对此，我们需要运用比例原则对其进行审查。② 比例原则能够要求公权力对私主体人权的干涉以及公权力干涉所带来的影响保持在相对合理的程度。③ 后者是绝对不可以侵犯的，也可称之为狭义的人权，对于人权或人之所以生而为人的其他基本权利而言，比例原则能为公权力机关守住底线，由于不符合目的正当性原则，能够直接排除侵犯人权的行为，故比例原则不能具体适用于对公权力行使的审查。④ 总而言之，比例原则并非直接作用于公权力的行使，而是通过排除侵犯人权的行为来尊重和保障人权。

---

① 参见蒋红珍：《比例原则适用的规范基础及其路径：行政法视角的观察》，载《法学评论》2021年第1期。

② 参见杨登峰：《从合理原则走向统一的比例原则》，载《中国法学》2016年第3期。杨登峰教授认为，符合法律目的的行政行为往往不是单一的，不同的行政行为对人权的侵害常常会轻重不一；法律所维护的公共利益也不是唯一的，并不是所有的公共利益在任何情形下都大于个人利益。在其观点中，比例原则可以作用于行政行为，让行政行为相对较少地侵害公民人权。笔者将其概述为广义的人权，与后文绝对不可侵犯的权利，即与狭义的人权作区分。

③ See David Duarte, Jorge Silva Sampaio ed., Proportionality in Law(An Analytical Perspective), Springer Nature Switzerland ag, 2018, pp. 3–24.

④ 参见梅扬：《比例原则的适用范围与限度》，载《法学研究》2020年第2期。梅扬教授认为，对于这类不可克减的公民权利，必须给予特别保障，无论情况多特殊、限制多轻微，对绝对权利的限制都会被视为违宪或者违法。违法或违宪的权利限制，自然不存在是否合理的问题。面对不可克减的公民权利，比例原则并无“用武之地”。笔者赞同其观点，笔者认为狭义的人权是绝对不能遭到侵犯的，这也是比例原则尊重和保障人权的表现。

3. 引导民众诚实守信

比例原则对于失信惩戒机制而言，最终的意义还是要回到社会信用体系本身，也就是引导民众诚实守信。由于我国社会诚信意识和信用水平整体偏低，所以从初步建立社会信用体系起，国家层面就一直明确要以社会信用体系来匡正社会风气，引导民众积极向善，形成履约践诺、诚实守信的社会氛围。失信惩戒机制作为社会信用体系的核心运行机制，能惩戒失信行为人，让失信行为人承担应有的失信后果，保障着社会信用体系的长远发展。

我们在分析和讨论比例原则在法律层面、人权保障层面的意义之后，需要结合我国社会信用体系的特性来分析其独特的意义，即对民众的人文关怀。前文提及，域外尚无将公共信用和市场信用一体进行调整的立法经验，我国的公共信用信息体系属于创制性的立法，① 得保持一定的谦抑性，在保持谦抑性的过程中也要结合我国的国情进行深入考量。失信不同于犯罪行为，我们意图通过对失信行为的惩戒达到引导民众诚实守信、警示潜在的失信行为，不是单纯为了惩戒而进行惩戒。在社会中，许多失信人员会通过失信行为得到一种难以理解的精神利益，一旦公权力机关对其实施严厉的惩戒措施，他们反而会产生一种强烈的逆反心理，进而继续失信，这也与建立社会信用体系和实施失信惩戒措施的初衷相悖。所谓的失信惩戒机制中的人文关怀是指，公权力机关对失信行为人的关怀、社会对失信行为人的关怀以及民众对于失信行为人的关怀。将比例原则融入失信惩戒机制能够让公权力机关采取侵害失信行为人权益最小的一种惩戒措施，向失信行为人和广大民众展现国家层面的关怀，让其发自内心地认同诚实守信这一优良美德。人们常说法律是严明的，应当以明确的条文形式规定权利义务和责任、规范行为，让失信行为人承担应有的后果，但是法律同时也应当是温情的，以最大限度给失信行为人善意和包容。比例原则对于失信行为人而言，最根本的意义在于国家、社会、人民肯定了失信行为人的

---

① 参见罗培新：《善治须用良法：社会信用立法论略》，载《法学》2016 年第 12 期。

人性及其人生价值。人是社会动物，人离不开社会，同样地，失信惩戒机制的运行也离不开比例原则。

三、比例原则融入失信惩戒机制的路径选择

各国对比例原则的解释都颇为形象，德国人讲“不用大炮打小鸟”，英国人讲“不用汽锤攻坚果”，中国人讲“杀鸡焉用宰牛刀”。我们可以看出比例原则是用于保护私主体合法权利的一种分析和裁量方式，其核心要义是“限制公权力，保护私权益”①。在分析得出比例原则的意义之后，问题在于，如何将比例原则用于实践。在社会信用体系中，失信惩戒机制的运行是实施惩戒措施的公权力机关与作为失信行为人的私主体之间的博弈，如何将比例原则融于失信惩戒机制，如何限制公权力机关实施惩戒措施，如何保护失信行为人的合法权利就显得格外重要。

（一）贯彻法的人本主义精神

对于比例原则融于失信惩戒机制的路径选择而言，需要一以贯之地坚持法的人本主义精神。法律是统治阶级意志的体现，② 而统治阶级的意志又受到其根本利益的影响。社会信用体系游走于公私两域，而失信惩戒机制又是公权力机关及其工作人员权力的体现，权力的出现伴随着强制力的诞生，失信行为人对公权力机关的惩戒措施必须服从，两者在法律关系中并不处于平等地位，因此，在失信惩戒的过程中，也需尊重和保护失信行为人，以比例原则为标准衡量所实施的失信惩戒措施。

人本主义精神要求以人为本位。西方的人本主义精神倡导“人是世间万物之尺度”“人权高于神权”“人权高于君权”；③ 同样地，在中国古代也有人本主义精神的体现，《孟子》中提到“民为贵，社稷次之，君为

---

① 参见蔡宏伟：《作为限制公权力滥用的比例原则》，载《法制与社会发展》2019年第6期。

② 叶传星：《法学的阶级话语论析》，载《法律科学》2006年第1期；丁华：《论法是统治阶级意志的体现》，载《重庆文理学院学报（社会科学版）》2006年第6期。

③ 参见周辅成主编：《西方伦理学名著选辑》（上卷），商务印书馆1996年版，第27页。

轻”，《荀子》中提到“水则载舟，水则覆舟”，东西方有着不同的文化差异，却也有则相同的文化精神，我们可以看出人本主义的精神讲究“权利优先于权力”“尊重和保障人权”。① 当一个法律领域尚未成熟，制度规范不健全之时就应当以法理和法律精神作为行为导向并始终贯彻。我国社会信用立法采取的是地方立法先行的模式，中央的社会信用立法虽然条件尚不完全具备，还需要继续研究论证，却也已经被纳入第十三届全国人大常委会第三类立法项目。社会信用立法的具体法律条文表述也许还有待商榷，但是这种“限制公权力，保护私权益”的人本主义精神应当永久保留并且率先适用。贯彻法的人本主义精神将是比例原则融入失信惩戒机制的首要步骤和逻辑基础。

（二）坚持比例原则在联合惩戒中的普遍化

比例原则来源于行政法是毫无疑问的，但是就比例原则是否应当扩张至其他法律领域，学者们有其不同的观点。以许玉镇教授为代表的学者认为，比例原则应当仅仅限于行政法领域，不能扩张至其他法律领域，他认为比例原则不同于宪法性原则，不可以对其进行肆意扩张，所谓的刑法、民法等其他法律领域都不能适用比例原则，比例原则是行政法特有的基本原则。② 与此相对的是，以程雪阳教授、沈开举教授为代表的学者将比例原则的意义拔高到社会管理的这个层面，他们认为比例原则是一种宪法性的原则，所有的国家行为都要适用该原则，所以不应当仅仅限于行政法领域，可以延伸至社会管理和国家治理方面的法律行为。③ 相较于以上两种观点，笔者倾向于后者。其实，比例原则发展至今早已不限于行政法、刑法、民法、经济法领域，甚至已经扩张到国际法领域，包括但不限于国际

① 参见李步云：《法的人本主义》，载《法学家》2010 年第 1 期。

② 参见许玉镇：《试论比例原则在我国法律体系中的定位》，载《法制与社会发展》2003 年第 1 期。

③ 参见程雪阳、沈开举：《比例原则视角下的社会管理创新》，载《现代法学》2012 年第 2 期。

投资、国际贸易、国际人权保障等领域。① 笔者认为，考虑到现代法律学科已有交叉发展的趋势，管理部门之间的权力界限并不是绝对清晰，以失信惩戒为例，甚至早已出现了联合惩戒的现状，为了限制公权力，防止公权力机关相互推诿、沟通不畅，应当将比例原则普遍化，让其具有普适性。

在2016年国务院出台的《守信激励失信惩戒指导意见》中提到要对重点领域和严重失信行为实施联合惩戒，其中包括：（1）严重危害人民群众身体健康和生命安全的食品药品、生态环境、工程质量、安全生产、消防安全、强制性产品认证等领域；（2）严重破坏市场公平竞争秩序和社会正常秩序的贿赂、逃税骗税、恶意逃废债、恶意欠薪、非法集资、合同诈骗等行为；（3）拒不履行法定义务，严重影响司法机关、行政机关公信力的，如有能力履行但拒不履行、逃避执行的行为；（4）拒不履行国防义务，拒绝、逃避兵役，危害国防利益，破坏国防设施等行为。在联合惩戒的过程中，涉及的公权力机关包括但不限于：市场监管、食药监管、消防、法院、民航、铁路、银行、公安、国防等部门，对失信行为人的约束和惩戒措施涉及行政性、市场性、行业性和社会性，这些公权力机关数量庞大且关系复杂，对于私主体的管理手段逐渐多样化，权力边界不清或者部门沟通不畅极易造成私益侵犯。故，我们应当将关注的领域发散开来，让比例原则在联合惩戒的过程中得到普遍化。

（三）以“清单管理”形式落实比例原则

在现代法律实践中，人们对于法律应当具有灵活性还是确定性争议不断，前者认为法律应当给权力机关留有空间，进行灵活处理，后者认为法律应当予以明确，让人们能够在可预料的范围内进行活动。哈特维克勋爵

---

① See Thomas Cottier, Roberto Echandi, Rafael Leal - Arcas, Rachel Liechti, Tetyana Payosova, Charlotte Sieber-Gasser, The Principle of Proportionality in International Law, SSRN Electronic Journal, vol. 38, 2012, pp. 1-34.

早在18世纪就提到，确定性是和谐之母，因而法律的目的就在于确定性。① 但是又有人补充道，法律不应当是完全确定的，这种完全的确定是永远不可能达到的，例如王泽鉴教授就曾经从成本收益分析的角度提出，民法层面人们当然可以追求“意思自治”，但是法律规则通常作出的“类型化”的表述是由于“因人而异”会给立法和司法带来过高的交易成本，我们应当追求的是社会成本的最小化和社会红利的最大化。② 再如周少华教授从普通法系举例说明，其认为普通法系虽然遵循先例，但也更珍视法律的灵活性价值，以衡平原则作出裁判进行公平处理。③ 对此，笔者认为法律的确定性和灵活性应当结合起来，在法律地位相对平等的法律关系中多倾向于灵活性适用，在法律地位不平等的法律关系中多倾向于确定性，并同时以灵活性来保护处于弱势地位的法律主体。

将以上分析投射到失信惩戒机制中，我们认为在此类法律关系中双方法律地位不平等，失信行为人处于弱势地位，即公权力机关在对失信行为人惩罚时应当多以确定性规范为主，加之以保护失信行为人为目的的灵活性规范为辅进行适用。根据2020年发布的《国务院办公厅关于进一步完善失信约束制度构建诚信建设长效机制的指导意见》的相关规定，诚信建设长效机制应当按照“清单管理”的总体思路，④ 具体而言，失信惩戒必须基于具体的失信行为事实，援引法律法规、政策文件为依据，由有关部门依法依规编制并定期更新全国失信惩戒措施基础清单，来明确失信惩戒措施的依据，例如各地在出台失信惩戒措施参考清单时会明确：实施部门

---

① 转引自［美］E. 博登海默：《法理学——法律哲学和方法》，张智仁译，上海人民出版社1992年版，第293页。

② 转引自戴昕、张永健：《比例原则还是成本收益分析法学方法的批判性重构》，载《中外法学》2018年第6期。

③ 参见周少华：《法律之道：在确定性与灵活性之间》，载《法律科学》2011年第4期。

④《国务院办公厅关于进一步完善失信约束制度构建诚信建设长效机制的指导意见》，载中国政府网 http://www.gov.cn/zhengce/content/2020-12/18/content_5570954.htm，访问时间：2021年1月29日。

名称、具体惩戒措施、措施类别、对应的国家备忘录、对应的法律政策依据,① 让包括失信行为人在内的社会信用信息主体可以预先得知失信行为的类别和措施，符合确定性的要求。此外，在惩戒过程中还要根据失信行为的性质和严重程度，采取轻重适度的惩戒措施，防止小过重惩，以灵活性处理来保护处于弱势地位的失信行为人，完善私益保护机制。

(四) 在惩戒程序中体现比例原则

对于比例原则融于失信惩戒机制，我们以法的人本主义精神为导向，坚持在失信惩戒机制中普遍化和具体化比例原则。分析讨论至此，我们都在讨论比例原则在实体法层面的意义，尚未讨论分析比例原则对程序法层面的作用。不论是美国的"正当程序原则"② 还是英国的"自然正义"③，我们都可以在一定程度上看出程序正义的意义大于实体正义。人们往往容易忽视程序的作用，其实，我们常说正义虽然会迟到却永远也不会缺席，但是迟到的正义就不再是正义本身。程序正义可以延伸出很多内容，最为核心的就是重视程序在法律实践中的价值。

从功能主义的角度分析，比例原则在失信惩戒机制中扮演着"正义"

---

① 可参见《浙江省守信激励与失信惩戒措施参考清单》(2019 版)、《安徽省发展改革委守信联合激励和失信联合惩戒措施清单》(2018 年试行) 等。

② 美国的正当程序原则来自宪法第 5 修正案和第 14 修正案，该原则内涵丰富，其中包括但不限于，未经正当程序禁止剥夺个人或公司财产[See Sinking Fund Cases, 99 U. S. 700, 718-19 (1879); Smyth v. Ames, 169 U. S. 466, 522, 526 (1898); Kentucky Co. v. Paramount Exch., 262 U. S. 544, 550(1923); Liggett Co. v. Baldridge, 278 U. S. 105 (1928).]以及所有种族、肤色、公民身份的自然人都受到正当程序原则的保护。[See Yick Wo v. Hopkins, 118 U. S. 356(1886); Terrace v. Thompson, 263 U. S. 197, 216 (1923); Hellenic Lines v. Rhodetis, 398 U. S. 306, 309(1970).]

③ 自然正义起源于英国，最早也可追溯至《自由大宪章》时期。自然正义可以用以防止歧视的产生，一般来说如果权力行使者在对当事人作出不利影响时，要听取其本人的意见[Regina v. Army Board of the Defence Council, ex parte Anderson(1992) QB 169; Regina v. Secretary of State for the Home Department, ex parte Doody (1994) 1 AC 531 (HL).]如若权利行使者存在歧视，那么就不应当行使该权力。[Porter v. Magill (2001) UKHL 67, (2002) 2 AC 357; Davidson v. Scottish Ministers (2004) UKHL 34, (2005) SC 7.]

的角色，限制公权力机关的失信惩戒措施，防止其过当失权。人们对这种要求公权力机关“过罚相当”的理念已经达成一定共识，需要比例原则在实践操作中具体化。除以“清单”方式让比例原则具体化之外，还有惩戒程序层面需要契合比例原则的精神和内涵。在我国行政法领域中，程序层面的比例原则其实有多处体现，例如：《行政强制法》第 44 条中对当事人采取的公告、限期自行拆除、强制拆除措施，以及《税收征收管理法》第 37 条中对纳税人采取的责令缴纳、扣押、拍卖变卖有顺序位阶的执法程序等。[①] 可以看出，这些条款都在公权力机关行使权力之前给行政相对人保留了一定的时间和机会来自我纠正，换言之，只有当行为人错失前一顺序位阶的机会，公权力机关才能进入后一顺序位阶进行执法，这是程序层面意义上的比例原则，能够最低程度地侵害私主体。在失信惩戒过程中也应当在程序层面体现比例原则，给失信行为人保留一定的时间和机会来纠正失信行为、改善失信状态，例如：最高人民法院在 2020 年 1 月发布的《关于在执行工作中进一步强化善意文明执行理念的意见》就有所体现，其中提到各地法院可以根据案件的实际情况，对于决定纳入失信名单或者采取限制消费措施的被执行人，可以给予其一至三个月的宽限期。在宽限期内，暂不发布其失信或者限制消费信息；期限届满，被执行人仍未履行生效法律文书确定义务的，再发布其信息并采取相应惩戒措施。[②] 注重失信惩戒机制在程序上的设计，让比例原则在惩戒的实体和程序层面都得到体现，才能真正领会社会信用体系建立和失信惩戒机制运行对于引导民众诚实守信的意义。

（本文仅代表作者个人观点）

---

① 参见蒋红珍：《比例原则适用的规范基础及其路径：行政法视角的观察》，载《法学评论》2021 年第 1 期。

② 参见《关于在执行工作中进一步强化善意文明执行理念的意见》第 15 条，载最高人民法院网 http：//www. court. gov. cn/fabu－xiangqing－213921. html，访问时间：2021 年 1 月 28 日。

《民法典》视野下抵押物自由转让规则的裁判标准

——对《民法典》第406条的分析

廖宇羿*

引言　抵押物自由转让的场景化思考

抵押物能否自由转让？抵押物转让后，抵押权人能否向受让人继续主张抵押权（即抵押权是否具有追及效力），这是在担保法的理论和实践中存在持久性争议的两个问题。在《民法典》出台之前，《物权法》《担保法》及相关司法解释就此的规定均不一致，导致司法实践中也存在较大分歧。例如在最高人民法院公报案例“重庆索特盐化股份有限公司与重庆新万基房地产开发有限公司土地使用权转让合同纠纷案”中，一审法院援引《担保法》及其司法解释，认为未经抵押权人同意，不得转让抵押物；最高人民法院则在二审中援引《物权法》，认为即便未经抵押权人同意转让抵押物，只要受

* 成都铁路运输中级法院研究室法官助理。

让人代为清偿债务的，转让依旧有效。[①]

《民法典》第 406 条对《物权法》等法律的规定作出重大变更：一方面明确允许抵押人自由转让抵押物，另一方面也明确抵押权具有追及效力。这一修改受到学界广泛好评，被认为充分体现了“物尽其用”的原则理念。但是后文的分析将指出，这一条文背后存在多重立法目的，它们彼此之间形成了一定的张力，导致抵押物的自由转让仍有可能在一定程度上受到限制。从司法适用的角度来看，当事人的约定内容和抵押权追及效力的限制，最有可能影响抵押物转让的“自由”程度。

首先，《民法典》第 406 条第 1 款在允许自由转让抵押物之后紧接着规定了“当事人另有约定的，按照其约定”。[②] 受到限制抵押物转让的《物权法》第 191 条的长期影响，对于金融机构等专业债权人而言，早已形成了一套稳定的限制甚至于禁止抵押物转让的交易习惯。由于《民法典》未另作规定，当事人有很大的概率延续先前的交易习惯，在实践中仍然约定限制或者禁止抵押物转让。[③] 这虽然是私法自治理念的当然体现，但如果司法实践对于当事人各种形式的约定采取一概认可的立场，将有可能导致《民法典》第 406 条的实质效果退回到《物权法》第 191 条的状况。

其次，抵押物的自由转让和抵押权的追及效力是“一体两面”的关系，否则将无法有效保障抵押权人的权利，但是追及效力本身也可能存在限制。最为典型的争议场景是：房地产开发商以在建或者建成的房屋向银行抵押并办理抵押权登记，相应取得银行贷款；银行在房地产开发商尚未偿还贷款的情况下，向当地房地产行政主管机关出函表示其“同意抵押物可售”；之后，房地产开发商开始面向社会销售房屋，购房者支付房款，

---

① 参见最高人民法院（2008）民一终字第 122 号民事判决书，载《中华人民共和国最高人民法院公报》2009 年第 4 期。

② 由于《民法典》施行时间尚短，暂未检索到与之相关的司法案例。

③ 最高人民法院也意识到了这一点，参见最高人民法院民事审判第二庭：《最高人民法院民法典担保制度司法解释理解与适用》，人民法院出版社 2021 年版，第 390 页。

房地产开发商向购房者交付房屋，但房地产开发商取得售房款后仍不偿还银行贷款，由此在银行、开发商、购房者之间引发诉讼，银行主张债权并请求对房屋行使抵押权，而购房者则主张银行对房屋的抵押权已消灭。不少判决支持了购房者的主张，例如最高人民法院在“梁某、黑龙江立宏房地产开发有限公司第三人撤销之诉”中就指出，在购房人已支付对价、入住房屋的情况下，如果允许抵押权人可以向该房屋及所占土地使用权继续追偿，势必影响购房人的生存利益。① 如果民法典时代的司法机关依然认可这种限制，难免会使抵押权人产生不安全感，进而对抵押物的自由转让产生实质影响。

随着《民法典》的施行，上述场景化思考将逐渐从理论推演变成真实案件。还应当注意到，此类案件并非单纯的担保法问题，还会涉及案外人执行异议之诉等相关问题。这就更为充分地表明，有必要从司法适用的角度厘清对于上述问题的理解，明确此类案件的司法认定和审理路径。有鉴于此，本文将聚焦《民法典》第406条的内部，基于“如何准确认定抵押物自由转让规则的裁判标准”的问题意识，对当事人约定和追及效力限制这两个最为主要的影响要素进行一体式的分析。

一、当事人约定对抵押物自由转让的影响

（一）当事人约定的性质

在全国人大常委会法工委民法室组织编写的《民法典》释义中，对于《民法典》第406条第1款中的“当事人约定”的解释较为简略。其中指出：“如果抵押权人与抵押人在设立抵押权时约定抵押人在抵押期间不得转让抵押财产，那么抵押人不能转让抵押财产，但是该约定不得对抗善意受让人。”② 可以看出，立法机关采取的是一种私法自治理念，允许当事人

---

① 参见最高人民法院（2020）最高法民终1005号民事判决书。

② 黄薇主编：《中华人民共和国民法典释义》（上），法律出版社2020年版，第787~788页。

通过约定排除第406条第1款的规范效果。

最高人民法院于2020年12月31日公布《关于适用〈中华人民共和国民法典〉有关担保制度的解释》（以下简称《担保制度司法解释》），其中第43条涉及《民法典》第406条中的“当事人约定”。该条司法解释区分了约定未登记和约定已登记两种情形，就转让合同的效力、转让的物权效力等问题作出了规定。从文字上来看，该条的两款规定中均有“当事人约定禁止……转让抵押财产”的表述，表明最高人民法院同样认可当事人的约定能够完全排除抵押物自由转让的规则。

从学界针对《民法典》第406条的研究来看，多数学者也持有类似观点。例如石佳友教授认为，所谓的“当事人另有约定”，指的就是抵押人不得转让抵押物的约定。① 王利明教授更是指出，允许抵押物完全自由转让存在诸多弊端，因此，当事人不仅理所当然地可以约定禁止转让抵押物，还可以将该约定予以登记，从而产生对抗第三人的效果。②

与此相对应，少数观点认为禁止转让抵押物的约定应属无效。常鹏翱教授指出，《民法典》第406条的立法原意是扭转《物权法》第191条的指向，使得抵押物能够自由转让；如果允许当事人约定完全禁止转让抵押物，显然与《民法典》第406条的目的不合，应该予以否定。③

（二）当事人能否约定禁止转让抵押物

本文认为，上述两组观点之间的争议，涉及立法目的与当事人意思自治之间的复杂权衡，需要在细致辨析的基础之上作出判断。

1.《民法典》第406条的多重立法目的

《民法典》第406条包含了多重立法目的。首先与《物权法》第191条相比，其基于物尽其用、鼓励交易的理念，允许抵押物自由转让，从而

---

① 参见石佳友、罗帅：《〈民法典〉不动产抵押权追及效力规则的解释论》，载《社会科学研究》2020年第5期。

② 参见王利明：《〈民法典〉抵押物转让规则新解——兼评〈民法典〉第406条》，载《法律科学》2021年第1期。

③ 参见常鹏翱：《限制抵押财产转让约定的法律效果》，载《中外法学》2021年第3期。

充分发挥抵押物的效用，降低交易成本，提升交易的便捷程度。

其次，根据全国人大常委会法工委编写的《民法典》释义，在《民法典》物权编的立法过程中，针对抵押物可以自由转让的草案规定，有的方面提出这可能会造成一些负面影响，例如增加债务人的道德风险和影响抵押权的实现等。正是基于这一考虑，立法机关才在条文中增加了当事人可以另行约定的规定，并且为了避免可能的歧义，专门将当事人约定调整至“抵押人可以转让抵押财产”的表述之后，其用意就在于平衡抵押人和抵押权人之间的利益。由此来看，少数观点仅在第一重立法目的和当事人的意思自治之间进行简单权衡，进而得出当事人不得约定禁止转让抵押物的结论，在论证过程上确有不够充分之处。

接着来观察这一复杂权衡中的另一方面——意思自治。在学理上，意思自治被奉为民法的支柱性原则。我国《民法典》也在总则编的第5条明确规定了这一原则。从法律规范的类型来看，民法中的绝大部分规范都属于任意性规范，当事人可以按照自己的意志排除规范效果。因此，即便《民法典》第406条第1款中没有“当事人另有约定的，按照其约定”的表述，当事人也完全可以自行作出不同于立法者意志的安排，更不要说在现实的立法中立法者已经主动写上了这一规定。这就意味着在抵押物转让的规则体系中，当事人的意志安排享有非常重要的地位。而在前引少数观点的论证中，对于为何可以否定当事人的意思自治结果，并没有给出充分的说明。其中只是简单援引了德国、瑞士、英国等国的法律规定，指出在比较法的经验上，意思自治的价值无法胜过抵押物持续流通的重要性。

不过，少数观点在论证过程上的不充分，并不必然意味着其论证结果的不合理。本文认为，其对于当事人约定的类型化区分，在思路上仍有可参考之处，关键在于寻找到更为坚实的论证基础。

2. 对当事人意思自治的限制

在意思自治方面，虽然这一理念被奉为民法的支柱，但学理上依旧认为可以对其进行必要的限制。耿林教授指出，意思自治最为重要的边界恰恰在于他人的自治。①他人自治首先体现为合同相对方的意志。在禁止抵押物转让的约定场景中，虽然表面上看起来约定结果是双方当事人意志的共同体现，但事实上禁止转让主要体现的还是抵押权人的意志。②特别是在《物权法》第191条的长期影响之下，诸如商业银行等专业的抵押权人，已经形成了一套稳定的交易习惯，抵押人在其中往往处于弱势一方，不得不以牺牲抵押物的流动自由为代价来换取自身急需的融资。如果真的想要通过《民法典》第406条来扭转《物权法》的规范设定和实质效果，就有必要对长期处于强势的抵押权人之意志进行必要的限制。他人自治还会体现为合同之外的第三方意志。在禁止抵押物转让的约定场景中，权益受损的除了抵押人之外，还包括了潜在的抵押物受让人，他们的意志显然也应当得到必要的尊重。事实上，《担保制度司法解释》第43条的规定已经在一定程度上体现了此种理念，其中明确了如果当事人的约定未经登记，原则上就只具有债法效力。综合以上两个方面，对于《民法典》第406条中的当事人意思自治，确有必要予以一定的限制。

（三）涉及当事人约定案件的裁判标准

在当事人约定对抵押物自由转让影响的复杂权衡中，对于抵押人和第三人意志的必要尊重为限制形式上的意思自治提供了正当性基础。鉴于《担保制度司法解释》已经明文肯定了“当事人约定禁止转让抵押物”的做法，从尊重现有司法解释的立场出发，仍然应当允许当事人作出此种内容的约定。法院在审理此类案件时，应当将重心放在当事人约定对于受让人的效力上。

本文认为，如果当事人约定禁止转让抵押物，且该约定未经登记的，法院应当从严认定“恶意受让人”。按照《担保制度司法解释》第43条第

① 参见耿林：《论私人自治的限制理论》，载《南京大学学报（哲学·人文科学·社会科学）》2019年第1期。

② 有学者即指出，就抵押合同是否包括禁止转让约定，抵押人往往不具有与抵押权人相对等的磋商谈判能力。参见张尧：《抵押财产转让规则的适用》，载《政治与法律》2021年第8期。

1款的规定，此时的受让人如果知道抵押权人和抵押人之间存在上述约定，抵押物的转让即不发生物权效力。这里显然是以“知情”与否作为判断受让人是否“恶意”的标准，但这种判断标准可能引发两方面的问题：一方面，所谓的当事人约定，其载体就是抵押权人与抵押人之间订立的合同，按照合同相对性的基本原理，它何以能够拘束作为第三人的受让人？另一方面，即便出于保护抵押权人利益的考虑，允许此处适当突破合同的相对性，但是“知情”的判断标准无疑会扩大“恶意受让人”的范畴，最终导致抵押物自由转让的立法原意无法得到充分实现。因此本文认为，法院在判断此时的受让人是否为“恶意”时，应当结合《民法典》第406条第2款的规定，重点分析转让行为是否可能损害抵押权，对“恶意”进行实质判断。如果存在转让价格显著偏低、受让人明显缺乏相应资质等情形，可以考虑将受让人认定为“恶意”。此外，从举证责任的角度而言，“不知情”属于消极事实。根据举证责任的基本原理，对于消极事实，主张者不负有举证责任。① 因此在司法裁判过程中，应当由主张受让人为恶意者提供相应的证据。

二、追及效力限制对抵押物自由转让的影响

（一）《民法典》出台前司法解释的规定

如前所述，在《民法典》出台前，围绕抵押权追及效力限制的争议集中出现在银行、开发商、购房者三方主体之间。先就相关司法解释规定梳理如下：

最高人民法院于2002年公布《关于建设工程价款优先受偿权问题的批复》（以下简称《工程款优先受偿批复》）。其中第1条明确，建设工程价款优先受偿权优于抵押权；第2条明确，交付购买商品房的全部或者大部分款项的买受人的物权期待权优于建设工程价款优先受偿权。结合两条规定自然能够推导出：在开发商将抵押给银行的房屋出售给购房者之后，

① 参见吴国喆：《善意认定的属性及反推技术》，载《法学研究》2007年第6期。

购房者的物权期待权要优于银行的抵押权。

随后，最高人民法院于2004年公布《关于人民法院民事执行中查封、扣押、冻结财产的规定》（以下简称《民事执行查封规定》）。其中第17条规定：被执行人将其所有的需要办理过户登记的财产出卖给第三人，第三人已经支付全部价款并实际占有，但未办理过户登记手续的，如果第三人对此没有过错，人民法院不得查封、扣押、冻结。可以看出，相较于《工程款优先受偿批复》的规定，《民事执行查封规定》实际上扩大了物权期待权的主体，所有登记财产的买受人都成为该项权利的保护对象。

此后，最高人民法院又于2015年公布《关于人民法院办理执行异议和复议案件若干问题的规定》（以下简称《执行异议规定》）。其中第28条和第29条分别规定了无过错不动产买受人物权期待权和房屋消费者物权期待权，这两项权利均具有排除执行的效力。在最高人民法院编写的理解与适用中指出，虽然《民事执行查封规定》第17条的规定在《物权法》出台之后面临一定的争议，但是该条适用的基本社会环境和制度基础并未发生根本改变，因此该条的基本精神应当予以坚持。这一点构成了《执行异议规定》第28条和第29条的背景基础。最高人民法院在《执行异议规定》相关理解与适用图书中还指出，《执行异议规定》第29条实际上就是从《工程款优先受偿批复》的第1条和第2条中推论出来的。①

在目前的司法实践中，法院主要适用的是《执行异议规定》第28条和第29条。其中，针对第29条的适用，在本文的检索范围之内，基本上法院裁判都将房屋消费者的物权期待权视为一项“超级优先权”。但是针对第28条的适用，不同法院的裁判之间仍然存在着一定的分歧。例如，在“杨某、贵州金晨置业投资开发有限公司申请执行人执行异议之诉案”中，最高人民法院认为杨某购买房屋之时未注意到房屋上已经存在抵押权，不符合《执行异议规定》第28条中“非因买受人自身原因未办理过户登记”

---

① 参见江必新、刘贵祥主编：《最高人民法院关于人民法院办理执行异议和复议案件若干问题规定理解与适用》，人民法院出版社2015年版，第421~422页。

的构成要件。① 这实际上是提出了“买受人的物权期待权无法对抗在先存在的抵押权”的裁判规则。但是在“新疆聚鼎典当有限责任公司与朱某忠等案外人执行异议之诉案”中，二审法院又认为虽然涉案房屋的抵押权设立时间要早于朱某忠的购房时间，但朱某忠对该房屋未办理房产过户登记手续并无过错。②

由此来看，在《民法典》出台前，虽然相关司法解释基本明确了抵押权的追及效力在商品房买卖这一特殊场景中面临一定限制，但是司法实践中仍然存在分歧认识。更为复杂的问题是，在《民法典》于2021年1月1日正式生效之后，抵押权的追及效力是否还会面临此种限制，抵押物的自由转让又会因此受到何种影响。

（二）《民法典》生效后抵押权追及效力的限制

本文认为，民法典时代的抵押权追及效力限制问题实际上包含两个子问题：第一，相关司法解释在民法典生效后的效力状况；第二，商品房消费者的物权期待权与《民法典》第406条之间的关系。

1. 核心司法解释在民法典时代依然有效

首先来看第一个问题：在2020年5月28日《民法典》颁布之后，最高人民法院就启动了司法解释全面清理和新的配套司法解释制定工作。2020年12月28日，最高人民法院公布《关于为确保民法典实施进行司法解释全面清理的工作情况报告》；12月29日，公布《关于废止部分司法解释及相关规范性文件的决定》，同时修改了111件司法解释，公布了6件新的司法解释。前文提及的几部司法解释，都在其中有所涉及。

根据《关于废止部分司法解释及相关规范性文件的决定》，《工程款优先受偿批复》被废止。但是其中的第1条规定（即建设工程价款优先受偿权优于抵押权）被新的《关于审理建设工程施工合同纠纷案件适用法律问题的解释（一）》（以下简称《建工合同纠纷司法解释（一）》）的第

① 参见最高人民法院（2018）最高法民终695号民事判决书。

② 参见新疆维吾尔自治区高级人民法院（2016）新民终字481号民事判决书。

36条所吸收。值得注意的是，《建工合同纠纷司法解释（一）》并未就建设工程价款优先受偿权与购房者物权期待权之间的关系作出规定。《民事执行查封规定》和《执行异议规定》均被修改，但是前引的三个核心条文并没有修改，这也就意味着最高人民法院实际上认可了相关规定在《民法典》生效之后依然有效（见表一）。

表一　相关司法解释在民法典生效后的效力状况

司法解释	《民法典》生效后的效力
《工程款优先受偿批复》第1条	失效，但内容被新司法解释吸收
《工程款优先受偿批复》第2条	失效
《民事执行查封规定》第17条	继续有效
《执行异议规定》第29条	继续有效

2. 应当将商品房消费者的优先权限定在生存权范畴

由于《民事执行查封规定》和《执行异议规定》这两部最为核心的司法解释依然有效，因此这里并不涉及《关于适用〈中华人民共和国民法典〉时间效力的若干规定》的适用问题，需要集中讨论的是商品房消费者的物权期待权与《民法典》第406条之间的关系。

首先，在我国的现行法律和司法解释中，其实都不存在“物权期待权”的表述。这一概念较早出现在最高人民法院针对《执行异议规定》编写的理解与适用中，编写者在其中还专门指出，“期待权”的概念来自德国。但是根据王泽鉴教授的介绍，德国法上的期待权，“系指因具备取得权利之部分要件，受法律保护，具有权利性质之法律地位。”① 其中的关键是，期待人所期待获得的权利已经开始发生变动，但尚未完全变动到位。在商品房买卖的场景中，商品房消费者期待获得房屋的所有权，此种期待

① 王泽鉴：《附条件买卖买受人之期待权》，载王泽鉴：《民法学说与判例研究》第1册，中国政法大学出版社1998年版，第145页。

如果要构成所谓的“期待权”，就需要房屋所有权已经开始变动，具体来说也就是房屋登记行为已经开始。但是在《民事执行查封规定》和《执行异议规定》涉及的场景中，房屋的所有权实际上并没有开始变动。因此严格来讲，这里只存在商品房消费者的“期待”，还没有构成“期待权”。

“期待”与“期待权”的辨析，并非单纯的文字游戏。如果“期待权”能够成立，则仅凭它自己就可以对抗包括抵押权在内的在先权利；但如果能够成立的只是“期待”而非“期待权”，就必须进一步挖掘出足以对抗其他在先权利的实质性权利。本文认为，这一实质性权利是指商品房消费者的生存权。此种权利固然有可能阻断抵押权的追及效力，但是权利本身的属性也会对相关案件的审理产生重要影响。

（三）涉及商品房消费者生存权案件的裁判标准

本文认为，在商品房买卖这一特殊场景中，法院应当对房屋的购买和登记是否影响到买受人的生存权进行实质判断，细致审查买受人的生存状况。《民事执行查封规定》和《执行异议规定》赋予特定商品房消费者以优先权的做法，虽然被认为突破了民法的基本法理，但也恰恰因为当时的《物权法》并没有明文规定抵押权的追及效力，所以确实只涉及法理层面的争议。而《民法典》第406条第1款的最后一句，已经将抵押权的追及效力从学理观点上升成为法律规定。这就要求我们结合《民法典》该条规定的精神，对形式上依然有效的《民事执行查封规定》和《执行异议规定》进行限缩解释。事实上，在最高人民法院于2019年印发的《全国法院民商事审判工作会议纪要》中，就已经体现了上述精神。上述纪要第126条指出，必须严格把握相关司法解释中“商品房消费者”的条件，避免动摇抵押权具有优先性的基本原则。早先最高人民法院曾在“中信信托有限责任公司与昆山红枫房地产有限公司等执行异议纠纷案”的判决中认为，相关司法解释对于无过错购房人的保护，并不以购房用途系自住为前提条件。① 两相对比不难发现，最高人民法院的司法政策也已经发生重大转向。

---

① 参见最高人民法院（2014）民一终字第119号民事判决书。

具体而言，法院在审理此类案件时应当着重关注以下问题：第一，商品房消费者的整体财产情况。假设某甲身家过亿但名下无房，其购买了一套价值数百万元的房屋用于居住。此种情况虽然在外观上符合《执行异议规定》第29条第2项规定的“所购商品房系用于居住且买受人名下无其他用于居住的房屋”，但显然不宜认为房屋无法过户会影响到某甲的生存权。第二，商品房消费者的房产分布情况。这一点同样涉及如何理解“买受人名下无其他用于居住的房屋”，《全国法院民商事审判工作会议纪要》第125条提出了两个判断标准：（1）“在案涉房屋同一设区的市或者县级市范围内商品房消费者名下没有用于居住的房屋”；或者（2）“名下虽然已有一套房屋，但购买的房屋在面积上仍然属于满足基本居住需要的”。仔细分析可以发现，这两个标准之间存在一定的紧张关系。按照标准（2）的要求，如果商品房消费者名下有两套房屋，就需要审查第二套房屋的面积是否“属于满足基本居住需要”；但按照标准（1）的要求，只要两套（甚至更多）房屋并不位于“同一设区的市或者县级市范围内”，就可以认为符合“买受人名下无其他用于居住的房屋”。有学者即指出，结合该规定背后的保护生存权的制度本意，应当将“买受人名下无其他用于居住的房屋”作宽泛的理解。[①] 本文认为，当商品房消费者名下有两套及以上的房屋，第二套或以后的房屋由于抵押面临无法过户的问题时，法院应当着重审查涉案房屋的面积等情况，综合判断其是否仍属于“满足基本居住需要”。即便多套房屋分布在不同的“设区的市或者县级市”，也应当首先从是否影响生存权的角度加以考虑。

第三，商品房消费者的具体消费形式，在判断其生存权是否受影响时并非核心要素。在“梁某、黑龙江立宏房地产开发有限公司第三人撤销之诉”中，一审法院认为当事人并没有直接与房地产公司订立商品房买卖合同，而是由房地产公司先将涉案房屋抵账给第三方工程公司，再由第三方

---

① 参见冉克平：《〈民法典〉视域中不动产买受人的法律地位》，载《武汉大学学报（哲学社会科学版）》2021年第3期。

公司抵账给当事人。由于各方均未建立商品房买卖关系，亦未支付购房款，因此法院认为作为抵押权人的银行仍可对房屋行使物上追及权。最高人民法院在二审中则指出，在当事人已经入住涉案房屋的情况下，一审法院判决银行可以向涉案房屋继续追偿，势必影响当事人的生存利益，有失公平。[①] 从中可以看出，法院审查此类案件的核心还是在于当事人是否已经入住、当事人是否有其他可供居住的房屋等实质要件，至于其具体通过何种形式购得房屋，只是一个相对次要的要素。

应当指出，对相关司法解释进行限缩解释，是符合最高人民法院政策导向的。在2020年12月30日举行的贯彻实施民法典全面完成司法解释清理和首批司法解释新闻发布会上，最高人民法院常务副院长贺荣指出，旧司法解释的清理和新司法解释的制定，都要“坚持确保统一正确适用民法典，对标民法典立法精神和法律规定”。[②] 最高人民法院公布的《关于为确保民法典实施进行司法解释全面清理的工作情况报告》提出，民法典时代的司法解释，要以准确理解和适用法律为原则，不追求大而全、体系化的司法解释。这实际上也是对于司法解释的理解和适用所提出的要求。法院在审理案件时，不能将司法解释视为一个独立于法律而存在的主体，必须始终在法律本身的原则和精神指引下，去进行具体的法律适用和分析。

三、结语

本文在《民法典》视野下对于涉及抵押物自由转让案件的审理路径进行了探讨和分析。此类案件的审理难点在于，《民法典》第406条本身包含了多重规范，而这些规范的产生缘由和法律效果都不尽相同，必须在统合的思路下才能形成一个有机的整体。法院在审理具体案件时，如果只着眼于案件中的某一个要素，就有可能“见木不见林”，从而导致裁判发生

---

① 参见最高人民法院（2020）最高法民终1005号民事判决书。

② 参见《最高人民法院贯彻实施民法典全面完成司法解释清理和首批司法解释新闻发布会》，载最高人民法院官网 http：//www.court.gov.cn/zixun－xiangqing－282011.html，访问时间：2021年8月10日。

偏差。因此，本文虽然看起来是讨论了两个彼此独立的问题，但这两个问题实则都是被统摄在如何准确认定抵押物自由转让规则的裁判标准这一更为整体的问题意识之下。

就当事人约定而言，正如王利明教授指出的那样，这主要是立法者用来弥补抵押物自由转让所可能产生的缺漏的一个重要工具。法院在审理涉及当事人约定的案件时，一方面固然需要准确认识此种约定的缺漏弥补功能，但另一方面更应当牢牢把握其适用条件——即“缺漏”的存在。如果法院通过审查发现，某一案件中抵押物的转让既没有影响抵押权的实现，也没有增加抵押权实现的成本和抵押权人的风险，那就意味着此种抵押物转让并没有产生所谓的“缺漏”。此时对于当事人约定的效力，就需要作出慎重认定，以避免和《民法典》第406条最核心的立法目的相抵触。

就抵押权的追及效力而言，正如有学者指出的那样，这实际上是立法者在作出了允许抵押物自由转让的立法大转向之后，为了安抚抵押权人而设置的一个“减震器”。如果这一“减震器”本身在运行过程中会频频“失灵”（即抵押权的追及效力受到限制），那《民法典》第406条的适用就变成了一个“磕磕绊绊”的过程，这显然并非立法者的意图。因此法院在审理涉及抵押权追及效力的案件时，特别是在审理与商品房买卖相关的特殊案件时，应当牢牢把握《全国法院民商事审判工作会议纪要》提出的“避免动摇抵押权优先性”的裁判标准，尽可能让“减震器”能够顺畅运行。唯有如此，才能消除不同规定之间的可能歧义，真正切实地平衡抵押权人、抵押人和受让人等各方主体的利益。判

（本文仅代表作者个人观点）

课堂教学著作权“合理使用”限制的功能释放

——兼评《著作权法》第三次修正*

罗明东**

教学功能多样，但最基础的使命仍是传递人类所创造的知识。因此，学校教学都需要以前人的知识为基础，离不开对前人知识的运用。《著作权法》保护的对象是文学、艺术、科学领域内具有独创性的作品，如果学校教学所利用的是受《著作权法》保护的作品，则该利用行为有侵权之虞。侵权的风险无疑会极大地阻碍教学的正常开展，因此，为保障基本的教学需要，各国普遍为作品的教学性使用设置了著作权限制。我国《著作权法》规定的教育教学目的的著作权权利限制制度，有教学科研的“合理使用”，义务教育教材编写出版的法

---

* 本文系教育部人文社会科学研究青年基金西部和边疆地区项目“义务教育国家统编教材权利行使问题研究”（项目编号：19XJC880005）的阶段性研究成果。

** 西南大学法学院讲师、教育立法研究基地（教育部政策法规司—西南大学共建）研究员。

定许可，以及规避技术措施的例外等，其中，作品课堂教学“合理使用”对学校教学人员有最广泛且直接的影响。2020 年 11 月 11 日，第十三届全国人民代表大会常务委员会第二十三次会议通过了《全国人民代表大会常务委员会关于修改〈中华人民共和国著作权法〉的决定》，新《著作权法》自 2021 年 6 月 1 日起施行。新《著作权法》第 24 条是关于著作权“合理使用”限制的规定，属于该条规定情形的作品使用，可以不经著作权人许可，也不向其支付报酬。该条第 1 款第 6 项规定了教学目的“合理使用”，即“为学校课堂教学或者科学研究，翻译、改编、汇编、播放或者少量复制已经发表的作品，供教学或者科研人员使用，但不得出版发行”。与原《著作权法》同款规定相比，在“翻译”“少量复制”之外新增了“改编、汇编、播放”三类使用情形。与此同时，新《著作权法》第 24 条第 1 款还增加了第 13 项“法律、行政法规规定的其他情形”的规定。

一、《著作权法》第三次修正中课堂教学“合理使用”权利限制功能的释放路径

课堂教学“合理使用”的规定始于 1990 年《著作权法》，2001 年《著作权法》和 2010 年《著作权法》的规定与之无异，截至 2020 年《著作权法》第三次修正完成，该制度历经三十余年未有变动，期间我国教育事业蓬勃发展，尤其是随着我国数字网络技术的快速发展和普及，线上教学需求迅猛增长，作品教学性使用的对象和方式更加多样，传播范围更广，对著作权人权益影响更大。而线上教学模式因有其独特的优势，一经出现便迅猛发展，一跃成为不可或缺的教学形式之一，亟须法律和政策上的支持。为此，国务院 2006 年颁行的《信息网络传播权保护条例》基于教学目的而对作品进行信息网络传播的行为设定了“合理使用”的例外。该条例第 6 条规定“为学校课堂教学或者科学研究”，通过信息网络“向少数教学、科研人员提供少量已经发表的作品”的情形为“合理使用”，该规定在一定程度上为学校利用信息网络促进教学提供了保障。

在《著作权法》第三次修正过程中，作品教学性使用的权利限制始终

是修改的重点内容之一。国家版权局2012年3月31日公布的《〈中华人民共和国著作权法〉（修改草案）征求意见稿》（以下简称第一稿）对基于教学目的“合理使用”的内容未作修改。国家版权局在第一次征求意见的基础上对第一稿进行了修改，于2012年7月6日公布了《〈中华人民共和国著作权法〉（修改草案第二稿）》（以下简称第二稿）。第二稿对原“合理使用”条款作出了突破性的修改，增加“其他情形”的规定作为开放条款，为司法机关扩展“合理使用”的情形打开了方便之门。2014年6月6日，国务院原法制办公室公布国家版权局报请国务院审议的《〈中华人民共和国著作权法〉（修订草案送审稿）》（以下简称送审稿），送审稿中“合理使用”的规定与第二稿一致，即未对课堂教学目的“合理使用”规定作修改，但增加了“其他情形”的开放式条款。由于社会各界对送审稿争议仍然较大，国家版权局对送审稿再次进行修改并重新报请国务院审议，国务院原法制办公室会同国家版权局对送审稿的修改稿又作了进一步修改。2019年，在国务院机构改革完成后，重新组建的司法部又会同中央宣传部对草案作了进一步修改，形成了《中华人民共和国著作权法修正案（草案）》（以下简称修正案草案），经国务院同意后于2020年4月30日公开征求意见，针对课堂教学目的的“合理使用”情形，修正案草案首次在“翻译、少量复制”的基础增加了“播放”，但是删去了前两稿中增加的“其他情形”的兜底条款。第十三届全国人大常委会第二十一次会议审议后于2020年8月8日发布的《中华人民共和国著作权法修正案（草案二次审议稿）》（以下简称二次审议稿），对于学校课堂教学“合理使用”的情形在修正案草案基础上又增加了“改编、汇编”两种使用方式，同时，对“合理使用”的情形恢复开放性的规定，但限定为“法律、行政法规规定的其他情形”，该方案最终被确定在立法当中。

二、作品课堂教学“合理使用”权利限制功能的释放机理

在《著作权法》第三次修正过程中，争论点繁多，矛盾激烈，这也导致《著作权法》第三次修正耗时近十年方才完成。但是，从《著作权法》

第三次修正的整个过程来看，包括学校课堂教学科研“合理使用”、教材使用法定许可、教学性使用规避技术措施等在内的基于教育目的的著作权限制条款始终是修改的重点内容之一，表明立法者决心建构一部既能够切实促进教育事业发展，又能够兼顾著作权人权益的《著作权法》。有关部门公布的共计五部《著作权法》修改草案对于与课堂教学相关的权利限制问题所采取的对策不尽相同，但综合比较各草案的方案以及最终通过的文本可知，立法者在逐步扩大基于教育或课堂教学目的的著作权权利限制，力图为教育的正常开展免除侵权之忧，新《著作权法》最终落定的规定也具有显著的积极意义。

（一）在线直播式教学被明确纳入“合理使用”

《著作权法》第三次修正之前，通过互联网进行的即时传播始终游离在广播权与信息网络传播权之间，界限相对模糊。这种界限不明使得在线直播式教学始终处于侵权的巨大风险之中。一方面，在线直播式教学的作品使用显然无法适用原《著作权法》第22条第6项关于课堂教学“合理使用”的规定；另一方面，适用《信息网络传播权保护条例》第6条第3项关于学校课堂教学目的“合理使用”的规定又面临首先需要判定其是否属于著作权法意义上的信息网络传播行为的困境。新《著作权法》在两个修改方向上对该问题予以了回应，这两个方向实际构成在线直播式教学“合理使用”判定的两个步骤：第一步，新《著作权法》第10条第11项、第12项将广播权和信息网络传播权的界限进一步简化，使二者的界限回归“作品是否在网络空间保留足够长时间，从而使公众能够主动地在其个人选定的时间和地点获得作品”① 的判定标准，解决了此前理论和实务界对著作权人能否控制作品网络直播（实时或定时网播）的争议，② 便于厘清在线直播教学行为在著作权法上的性质。照此新标准，在在线直播式的教

① 刘银良：《信息网络传播权及其与广播权的界限》，载《法学研究》2017年第6期。

② 姚欢庆：《完善制度 助力创新——〈著作权法〉修改亮点解读》，载《中国市场监督报》2020年12月23日。

学模式下，作品并不在互联网上保留，系一次性传播，受众只能在传播者指定的时间接收作品，错过就只能等待重播，因此属于广播权控制的范畴。可见，尽管都使用了信息网络作为教学的媒介，但是在线点播式的教学与在线直播式教学应该分别适用信息网络传播权和广播权的规定。从而可以确定，在原《著作权法》规定下，在线直播式教学模式不能适用《信息网络传播权保护条例》第6条第3项的规定，不能被认定为“合理使用”。第二步，新《著作权法》在课堂教学“合理使用”中增加了“播放”这一使用方式，明确将广播行为纳入其中。实际上，《著作权法》规范中只有放映权与广播权的规定，并无“播放权”这一术语。对于“播放”的规定最早见于1990年《著作权法》第42条至第44条，即广播电台、电视台的“播放”，被界定为专由广播电台、电视台对其制作的广播、电视节目、录音制品、电影、电视和录像的播放，是“通过有线电或无线电将电磁波信号播出，用接收器将信号还原成声音和画面的行为”①。尽管播放活动专属于广播电台、电视台，而非作者，与专属于著作权人的广播权主体并不同一，但是，作品播放的原始权利却是来源于作者的广播权，就如出版社的图书专有出版权来源于作者所享有的复制权和发行权一样。因此，播放活动也可以被认定为作者广播权固有的控制范畴。新《著作权法》第24条引入“播放”活动，其重要意义不仅仅在于将课堂教学“合理使用”限制所涉及的权利扩展到了表演权（机械表演）、放映权和广播权之上，更重要的是能够有效地将在线直播式的课堂教学活动也纳入“合理使用”规则的适用范围，从而有效保障在线直播式课堂的开展。

（二）课堂教学多样化的需求与具象化情形的扩展

基于学校、学科、课程安排上的不同，学校课堂教学客观上存在极其丰富的类型，课堂教学过程中对他人作品的“合理使用”，仅依靠原《著作权法》规定的翻译和复制两种情形无法适应多样化的使用需求。这种不

---

① 郑成思：《著作权的概念及沿革》，载江平、沈仁干等主讲：《中华人民共和国著作权法讲析》，中国国际广播出版社1991年版，第70页。

适应性早在1995年“北影录音录像公司诉北京电影学院案”中就已经暴露出来。该案中，北京电影学院学生为完成课程作业，在未经北影录音录像公司许可的情况下，将后者依法受让了专有改编权、拍摄权的作品《受戒》改编成了剧本。该剧本后被学院选中用于当届学生毕业作品的拍摄，拍摄成品短片《受戒》在校内放映用以教学观摩及成绩评定。尽管当时我国《著作权法》所允许的出于教学目的的“合理使用”仅限于翻译和复制行为，但一审法院和终审法院均认为电影学院作为专业院校，其教学方式具有特殊性，练习拍摄电影应属于该校课堂教学活动中必不可少的一部分，故该校为课堂教学目的使用作品的方式应与一般院校有所不同。遂依照原《著作权法》第22条规定的精神，认定电影学院为教学目的而拍摄电影的行为构成“合理使用”。①《著作权法》保护的是科学、文学、艺术领域的创作，而创作大都需要以前人的成果为基础。但凡专门教授科学、文学、艺术类专业的课程或院校，其主业均是向学生传递以前人作品为基础进行赏析、批评、演绎的知识和方法，对作品的演绎及其他形式的使用是基本需求。同北京电影学院有类似需求的院校、课程普遍存在，其课堂教学“合理使用”的需求远非简单的翻译、复制所能覆盖。其他国家的立法对教学性合理使用情形的规定也相对宽泛。例如，《英国版权法》为教学活动规定了“复制、汇编、表演、录制、影印复制”等合理使用方式。②《美国版权法》第107条、第110条也规定了复制、演绎、发行、表演和展览等合理使用形式。③ 同时，美国司法上采用较为灵活的“四标准法”来判定合理使用，并不局限于美国版权立法上所列举的情形。《日本著作权法》允许在学校和其他教育机构中担任教学职务的人以及听课的人，为了在教学过程中使用而复制并向公众传播已发表作品。④ 可见，扩展课堂教学目的“合理使用”情形能够为我国大量专业类尤其是艺术类院校或类

① 参见北京市第一中级人民法院（1995）一中知终字第19号民事判决书。

② 吴汉东等：《知识产权基本问题研究》，中国人民大学出版社2005年版，第305页。

③ 参见李明德、许超：《著作权法》（第二版），法律出版社2009年版，第96页。

④ 参见《日本著作权法》，李扬译，知识产权出版社2011年版，第26~27页。

似专业开展正常的、基础的课堂教学活动提供必要保障。

(三) 开放式条款的增加

我国《著作权法》中著作权的权利限制制度接近作者权法体系①的模式，为封闭式列举，该模式不完全等同于英美国家的合理使用模式。在作者权法体系下，“合理使用”的判定依照“三步检验法”，即先列举“合理使用”适用的特殊情形，再增加“不得影响作品的正常使用”且“不得不合理地损害著作权人的合法权益”两个判定要件，其中特殊情形系穷尽式列举,② 要求法官原则上不得作扩大解释。而英美法国家的“四标准法”仅对合理使用行为作目的限定，法官不受立法所列举的具体情形的限制。这种封闭式列举模式的显著缺陷在于难以穷尽作品“合理使用”的需要，难以及时、灵活地适应经济社会的发展变化。众所周知，立法者的认知能力、立法水平是有限的，尤其是对于未来的作品类型和使用方式的预见能力不足，甚至客观上是不可预见的。加之随着包括数字、网络在内的众多新技术的应用和普及，以致新的作品类型以及课堂教学对作品新的利用形式层出不穷，而立法的严肃性、稳定性又决定了其修订过程必将是漫长而低频率的，这样的矛盾将不可避免地使得法律滞后于实践需要。从现有理论研究和司法实践的情况来看，尽管对课堂教学性使用目的“合理使用”的具体情形作必要的扩展能够在一定程度上满足部分特殊课堂、院校的基本教学需要，但是，并无应对未来的、未知的“合理使用”需求的能力。我国“合理使用”规定的封闭性不利于“合理使用”制度功能进一步发

---

① 笔者注：著作权法有两个具有代表性的体系，即以美国、英国等普通法国家为代表的版权（copyright）体系和以法国、德国、西班牙、意大利等大陆法国家为代表的作者权（author's right）体系。版权体系将著作权视为纯粹财产权，“合理使用”（fair use）制度是调整作者和社会公众之间利益关系的工具，“合理使用”构成与否需要法官在个案中平衡考量，其情形和判断标准具有很强的开放性；而在作者权体系下，强调作品是作者人格的反映，著作权是一种自然权利，权利的保护是原则，而“合理使用”实质上是权利的例外（exception of copyright），因此，其情形必须受到严格限制。

② 参见熊琦：《著作权合理使用司法认定标准释疑》，载《法学》2018年第1期。

挥，这也是世界上大多数采用封闭式“合理使用”制度模式的国家或地区所共同面临的问题，为此，通过各种方式增加其开放性也成为各个国家共同的选择。如德国在2008年修改的《著作权法》中，通过在“合理使用”具体类型的规定中引入弹性规定来增加其开放性。① 我国新《著作权法》首次引入“法律、行政法规规定的其他情形”这一开放式规定，是对破除“合理使用”特殊情形的封闭性迈出的重要一步。虽然该规定距离“合理使用”情形的完全开放还有一些距离，但仍为在其他法律、法规中新增“合理使用”情形提供了可能性。

（四）立法与司法良性互动的促成

在“合理使用”立法规范过于封闭的背景下，各国除着力修订立法外，在司法上也发展了多种扩展的路径。部分国家法院通过援引著作权法其他条款来弥补“合理使用”条款封闭性的不足，如德国法院通过解释侵权判断中的“实质性利用”要件来达到与“合理使用”判定类似的效果。法国法院通过解释著作权目的来允许某些类型的使用。也有些国家的法院通过援引著作权法之外的其他法律来达成同样的效果，如德国联邦宪法法院就曾根据其宪法上的艺术自由来认定一位戏剧家的引用行为合法，而法国法院也曾援引《欧洲人权公约》允许了在立法限定之外为了公共利益目的而使用作品的行为。② 欧盟法院在一些案件的审理中，也注重对“合理使用”情形的弹性解释，在个别案件中甚至认为“三步检验法”中的第一步，即特殊情形的判断根本不具有规范层面的功能和影响，转而直接进行后两步的判定。③ 同样，在若干特定案件之中，我国法院也认定了原《著作权法》第22条规定情形之外的“合理使用”情形。如北京市高级人民

---

① 参见李琛：《论我国著作权法修订中“合理使用”的立法技术》，载《知识产权》2013年第1期。

② 参见李琛：《论我国著作权法修订中“合理使用”的立法技术》，载《知识产权》2013年第1期。

③ 参见李杨：《著作权合理使用制度的体系构造与司法互动》，载《法学评论》2020年第4期。

法院曾运用“实质性部分”标准来认定电视剧中短暂地使用已经发表的音乐作品属于“合理使用”。① 北京市第一中级人民法院曾认定某拍卖公司在拍卖过程中为拍卖目的而对拍卖标的进行的展览、放映、复制行为属于“合理使用”。② 同院审理的“吴某诉读秀公司著作权侵权纠纷一案”中，法官认定为了向读者介绍作品，便于读者了解作者的表达风格，在网页上提供作品的部分内容，也构成“合理使用”。③

为了切实应对司法扩展适用“合理使用”规则的需求，最高人民法院于2011年年底发布了《关于充分发挥知识产权审判职能作用推动社会主义文化大发展大繁荣和促进经济自主协调发展若干问题的意见》(法发〔2011〕18号)，其中第8条明确提出，“在促进技术创新和商业发展确有必要的特殊情形下，考虑作品使用行为的性质和目的、被使用作品的性质、被使用部分的数量和质量、使用对作品潜在市场或价值的影响等因素。”在此前提下，若满足“三步检验法”后两步的要求，则可以认定为“合理使用”。④ 即允许突破“三步检验法”第一步“特殊情形”的严格限制，采用英美“四标准法”来认定“合理使用”。此后的若干案件中，法院开始实际明确使用“四标准法”来判定“合理使用”，如“刘某某诉华东师范大学出版社有限公司著作权侵权纠纷案”⑤ 等。法院对立法的适当突破是在法律规定存在明显不足的情况下，为了实现个案判决的公正才不得已采用的方法，但这种做法有不当地超越立法之虞，破坏了法定的利益平衡关系,⑥。而新《著作权法》引入开放式条款之后，则法院对原有具体情形的突破有望不再违背立法，而是对开放式条款的正当解释，有利于避

---

① 参见北京市高级人民法院（2004）高民终字第627号民事判决书。

② 参见北京市第一中级人民法院（2003）一中民初字第12064号民事判决书。

③ 参见北京市第一中级人民法院（2008）一中民终字第6512号民事判决书。

④ 《最高人民法院关于充分发挥知识产权审判职能作用推动社会主义文化大发展大繁荣和促进经济自主协调发展若干问题的意见》(法发〔2011〕18号)，载《人民法院报》2011年12月21日。

⑤ 参见上海市第二中级人民法院（2013）沪二中民五（知）初字第115号民事判决书。

⑥ 参见崔国斌：《知识产权法官造法批判》，载《中国法学》2006年第1期。

免损害立法权威、规范法院自由裁量权并为利益相关方提供行为指引。

三、作品课堂教学“合理使用”著作权限制功能进一步释放的必要

如前文所述，《著作权法》第三次修正中针对课堂教学“合理使用”规定的修改令人鼓舞，极大地强化了对教育事业的支持，但是，考虑到我国当前的教育发展阶段和需要，笔者认为其扩展力度仍然不足，有进一步扩展的必要。

（一）发展终身教育的需要

我国教育事业的进一步发展，尤其是全民教育、终身教育事业的推动，亟须进一步扩展作品教育性使用的著作权权利限制。据早期参与著作权法立法的专家的解释，享受课堂教学性使用权利限制的学校不应包括广播电视大学、函授大学等学校。①“课堂教学”场景也不包括函授、刊授和互联网上的远程教育等形式。② 仅以函授为例，函授是我国成人教育的一种形式，其环节包括自学、面授、作业、答疑辅导、实验、实习、考核、毕业设计及答辩等，其中的面授环节也是一种与一般学历学校课堂教学无异的活动，若将一般学历教育课堂教学与成人教育学历教育课堂教学作区别对待，则无法体现国家对成人教育的同等重视。职业教育和继续教育也是我国教育体系的重要组成部分，与一般的学校教育具有同等重要的地位。在教育法上，职业教育和继续教育制度也是我国教育制度的基本内容，在作品课堂教学“合理使用”中排斥职业教育体系和继续教育体系，不符合《教育法》第11条所确立的“国家采取措施促进教育公平，推动教育均衡发展”的宗旨和目标，也难以适应教育主管部门“坚持职普比例大体相当”的建设要求。

---

① 参见沈仁干：《关于对著作权的限制》，载江平、沈仁干等主讲：《中华人民共和国著作权法讲析》，中国国际广播出版社1991年版，第203页。

② 参见李明德、许超：《著作权法》（第二版），法律出版社2009年版，第99页。

建立和完善终身教育体系的任务和目标自1995年便被明确在《教育法》规范之中，但至今尚未达成。党的十九届四中全会再次明确提出“构建服务全民终身学习的教育体系”，十九届五中全会又将实现“全民受教育程度不断提升”作为“十四五”时期经济社会发展的主要目标之一，并在制定“十四五”规划纲要和2035远景目标的建议中强调“完善普惠性学前教育和特殊教育、专门教育保障机制”“发挥在线教育优势，完善终身学习体系，建设学习型社会”。为建设成终身学习型社会，国家大力建设开放大学，大力推行全民阅读工程，大力支持公共图书馆的建设，大力推动在线教育资源共享，所有的措施都指向现有作品在一般学校教育之外的更广泛的传播和使用，著作权限制制度有必要予以足够的支持，有必要将课堂教学“合理使用”的范围扩展到国家教育规划范围内的职业教育、成人教育、特殊教育等类型的学校和教学形式之上。

（二）“人工智能+教育”的挑战

“人工智能”概念自1956年被首次提出，此后技术发展几经沉浮，直到核心算法、计算能力、大数据等技术的突破，终于自21世纪第二个十年开始迎来质的飞跃。截至2018年，我国人工智能企业规模已跃居世界第二，人工智能投融资规模世界第一，人工智能已经在医疗健康、金融、教育、安防、商业、智能家居等多个垂直领域得到广泛的应用。① 教育是我国人工智能应用的重要场景之一，国家始终重视“人工智能+教育”的建设。2017年7月8日，国务院印发《新一代人工智能发展规划》，认为在教育、医疗、司法服务等领域广泛应用人工智能“将极大提高公共服务精准化水平，全面提升人民生活品质”。人工智能在我国教育实践中的应用逐渐深入，不仅惠及发达地区，也触及了边远贫困地区。例如，在全国最大的彝族聚居县的四川省凉山州昭觉县，普通话普及率低，导致很多孩子因听不懂老师讲课而辍学。2018年，昭觉县率先引入“AI老师普通话教

---

① 参见清华大学中国科技政策研究中心：《中国人工智能发展现状与未来》，载《中国经济报告》2018年第10期。

学”系统，有效解决了这一问题。2018年10月31日，习近平总书记在十九届中央政治局第九次集体学习中讲话指出，要加强人工智能在教育、医疗卫生等领域的“深度应用”，这不仅意味着我国未来仍将继续深度推进“人工智能+教育”，还表明教育始终是国家首推的人工智能应用领域。2020年12月11日，2020全球人工智能与教育大数据大会在北京举行，为在全球范围内进一步推动人工智能、大数据与教育的深度融合和创新发展搭建了学术交流平台，① 同时展现了我国在“人工智能+教育”领域具有引领作用的建设成果和继续深入推进的决心。

人工智能算法技术以大数据为基础，对于海量信息、作品等数据的收集是人工智能算法技术需要面对的首要问题，不仅面临伦理上的危机，还给其法律规制带来了挑战，② 既需要在法律允许的范围内推进，也需要法律予以积极的支持，前者为了避免构成如侵犯公民个人信息罪或侵犯财产犯罪等，③ 后者则需要诸如《著作权法》等法律、法规对包括作品在内的海量数据的有效获取提供机制和保障。2019年3月，联合国教科文组织发布了《教育中的人工智能：可持续发展的挑战与机遇》工作报告，报告认为人工智能的数据成本已经成为“人工智能+教育”面临的主要障碍之一。④ 2020年11月，在全国首届智能社会的教育政策与立法学术研讨会上，智能时代在线教育著作权保障问题也成为与会专家的关注焦点。获取著作权授权的成本是数据成本的重要方面。大数据的对象与数据库的对象同类，均包括享有著作权保护的作品和不享有著作权保护的其他材料、信

---

① 参见《2020全球人工智能与教育大数据大会在京举行》，载《现代教育技术》2020年第12期。

② 参见郑智航：《人工智能算法的伦理危机与法律规制》，载《法律科学（西北政法大学学报）》2021年第1期。

③ 参见李婕、鲁鑫宇：《人工智能时代大数据收集行为的刑法规制》，载《人民法院报》2021年1月7日。

④ 参见李志河、许书静：《“人工智能+教育”的SWOT透视及发展路径探析——基于〈教育中的人工智能：可持续发展的挑战与机遇〉的解读与启示》，载《数字教育》2020年第6期。

息，而人工智能和大数据技术均严重依赖于对前述对象的收集、处理和利用。但是，作品的海量授权或许可绝非易事，甚至是不可操作的。① 因此，人工智能的数据收集过程本身或面临较大的许可成本和较大的侵权风险。为推动“人工智能+教育”的落地和发展，《著作权法》应当为解决作品海量授权难题提供有效的解决方案。当前，著作权法上实现海量作品高效许可主要依赖于法定许可和集体管理两种路径，两种路径均能实现类似的效果。尽管二者性质不同，但都会在一定程度上涉及对著作权的限制，集体管理制度是著作权人对许可、收益等权利的盖然信托，信托之后由集体管理组织统一地、独占地代为行使，本质上仍是许可权行使的方式之一，而法定许可则是制度对著作权人许可权的直接剥夺，对著作权的限制更严。尽管有必要对“人工智能+教育”背景下作品的海量许可设定便捷方式，但同时也应当将对著作权人权利的限制降至最低限度，相对而言，充分发挥著作权集体管理组织的作用，将能更好地平衡技术发展与著作权保护之间的关系。

（三）后疫情时代的催化效应

2019 年年底开始发生并迅速蔓延全球的新冠肺炎疫情，迫使各阶段、各类型的教学迅速、全面地从线下面对面教学转向线上远程教学，线上教学的需求空前，在线教育一跃成为教学的“新常态”。教育部明确“网课就是正课，不是辅导课”，围绕网课展开的市场竞争也进入白热化。② 2020 年 9 月 9 日，在全国抗击新冠肺炎疫情表彰大会上，习近平总书记表示“疫情仍在全球蔓延，国内零星散发病例和局部暴发疫情的风险仍然存

---

① 参见陶鑫良：《网上传播国内一般作品应当适用“法定许可”》，载《法学》2000 年第 8 期。

② 参见《教育部回应白岩松，网课成正规课，巨头投十几亿鏖战在线教育》，载电商在线网 https：//www. 163. com/dy/article/F4DU8SQ505118513. html，访问时间：2021 年 8 月 9 日。

在”①。当前，世界疫情防控趋势仍不乐观，各国线上教学也成为常态且短期内难以全面恢复线下面对面教学。国内各地疫情也面临反复风险，陆续有地方院校将必要的基础教学从线下转线上。教育部也有官员曾断言："我们再也不可能、也不应该退回到疫情发生之前的教与学状态，因为融合了'互联网+''智能+'技术的在线教学已经成为中国高等教育和世界高等教育的重要发展方向。"进而，在后疫情时代进行大规模在线教育将是我国教育教学改革的重要举措。从长远来看，新冠肺炎疫情下学校教学模式的根本性转变既是必要之举，也是一场"大规模实验",② 为今后学校应对重大突发公共事件探索出了一条行之有效的应对之道。

学校教学方式从线下转线上，并无平台、技术上的突破，并未给过往的线上教学模式带来根本性转变。但在疫情期间，线上教学之于学校教学的功能、角色、定位却发生了根本性转变，从一种增效型、增益型、补充型教学渠道转变为了必要型、基础型、主体型教学手段，因此，政策、立法不能忽略这一重大转变。过去，立法者始终在必要的限度之内考量《著作权法》对于基于课堂教学目的的权利限制，故而将其严格限定在课堂面对面教学和其他有限的教学场景范围内。而在新冠疫情发生及可能长期存在的后疫情时代，或在其他重大突发公共事件发生导致线下面对面教学难以为继时，国家教育事业的基础地、必要的、主体的教学手段便要暂时或长期地从线下面对面教学转变为线上远程教学，则著作权之上基于学校传统面对面课堂教学及其他有限教学形式所设置的权利限制和例外，都应当转而适用于所有旨在替代和实现传统线下课堂教学功能的线上教学形式之上。

---

① 《习近平在全国抗击新冠肺炎疫情表彰大会上的讲话》，载《人民日报》2020 年 9 月 9 日。

② 《教育部：疫情期间在线教育是首次大规模实验，将成教学"新常态"》，载大数据文摘网 https://baijiahao.baidu.com/s?id=1667009179699629492&wfr=spider&for=pc，访问时间：2021 年 8 月 9 日。

四、作品课堂教学"合理使用"著作权限制功能进一步释放的路径探究

（一）司法路径之两难

在我国当前的教育需求背景和著作权法律制度之下，作品课堂教学"合理使用"限制制度的学校维度、主体维度、对象维度、权利维度都普遍面临扩展的需求，这些扩展的需求不仅难以在立法中用穷尽式的列举固定下来，反而还会伴随着国内技术、教育、制度等方面的快速发展而始终变动不居。因此，其扩展适用宜留待执法、司法机关在个案和实践中作具体考量。并且，《著作权法》第三次修正是第一次在没有外来压力的背景下，完全基于国情的巨大变迁以及社会实践和司法实践的迫切要求而推动的修正，① 第三次修正的完成，意义不仅在于制度的日臻完善和与时俱进，更在于进一步促成了理论和实务界达成对于著作权若干法律概念、制度价值的共识。在此基础上，《著作权法》立法变革变得不再迫切，研究重点应开始走向解释论，将补充不完全规则的推理建立在穷尽解释和类推适用的基础之上。②

我国立法确定的"特殊情形"较为封闭，须严格限定在法条明确规定的范围，故对于《著作权法》第 24 条第 1 款第 6 项的正确解释尤为重要。当前，有待进一步解释的范畴包括但不限于学校的范围、使用者的范围、课堂教学指代的范围以及"少量"的具体认定等。同时，新《著作权法》第 24 条第 1 款第 13 项增加的"合理使用"开放式条款，是法院通过解释、适用以充分发挥自由裁量角色的重要场域，更是司法中扩张适用课堂教学目的著作权"合理使用"情形的合法性依据。但值得注意的是，新《著作权法》新增的"法律、行政法规规定的其他情形"的规定，尽管认

① 参见刘春田：《〈著作权法〉第三次修改是国情巨变的要求》，载《知识产权》2012 年第 5 期。

② 参见熊琦：《中国著作权法立法论与解释论》，载《知识产权》2019 年第 4 期。

可司法对其他情形的认定，但要求必须限定于有法律、行政法规明确规定的情形，本质上是对“合理使用”情形的有限开放。而与最终通过的新《著作权法》的规定不同，第二稿及送审稿中使用的是“其他情形”的表述。相较而言，“其他情形”的表述比“法律、行政法规规定的其他情形”更加灵活，更加便于司法适用，司法机关也将获得更宽泛的裁判自主权，但立法者最终采用了后一种表述，表明其意图并非向司法机关完全开放“合理使用”情形，将其限定在“法律、行政法规规定”的范畴内，是意在留待此后的著作权相关立法和配套法规来予以补充。

作为本身极度具化且封闭的著作权“合理使用”规定，除去新《著作权法》第24条以及《信息网络传播权保护条例》第6条至第9条等少数条文的明确规定外，并不存在其他法律、行政法规有明确规定的情形。其结果是尽管立法给“合理使用”情形设定了开放式规定，但司法中又必须要适用客观上并不存在的“法律、行政法规规定的其他情形”才能扩张，这种限度的把握会让司法陷入两难境地：一方面，若严格解释“法律、行政法规规定的其他情形”，则法院只能选择放弃“合理使用”情形的扩张，或违背现行法的规定，在无其他法律、法规明确规定的情况下进行扩展适用；另一方面，法院对“法律、行政法规规定的其他情形”作原理和价值层面的解释和适用，但这种解释和适用又必然打破“合理使用”情形极度具化且有限开放的设定。这种两难境地的破解有两种可能途径：一是立法途径，即将新《著作权法》第24条第1款第13项落实到法律、法规的具体规定之上，或通过制定专门的著作权限制规定来予以明确，或通过修订或制定教育促进类法律法规来明确；二是通过司法解释的形式对该项规定的解释和适用方式予以明确，允许对法律法规的其他规定作原理和价值解释。第二种破解路径本质上仍涉嫌司法权对立法权的僭越，是对立法者有限开放原意的背离。因此，尽管立法已经展现开放“合理使用”情形的态度，但尚未提供可操作的机制，仍需从解释回归立法，从制度层面落实“法律、行政法规规定的其他情形”。

（二）立法路径可行性不足

司法上的两难和困境最终须通过立法来解决。诚然，随着数字技术与信息技术的不断发展，封闭式“合理使用”规定也正逐渐暴露出难以顺应时代发展的制度僵化问题，各国均在加强理论研究和立法建设，着力提升法律规定的弹性。① 但是封闭式模式预先调和著作权人私权和社会公益之间矛盾的初衷并未改变。从法律体系上来讲，著作权法有其自身的立法定位，只能实现部分的而非全部的治理目的。著作权法的民法本质决定了著作权的保护才是其制度主体，对权利的限制始终是次要的价值。著作权采法定主义，但允许司法以“法益”之名扩张著作权保护，② 而同样的逻辑则不能用于扩张著作权的限制情形。加之我国缺乏普通法的传统，英美国家开放式的“合理使用”认定模式也并不完全适应我国司法状况，因此，立法者对开放式规定予以必要的限定具有科学性。新《著作权法》第24条第1款第13项将“合理使用”的其他情形严格限定在“法律、行政法规规定”的限度内，实际上并非赋予法院自主认定其他“合理使用”情形的权力，其对须有“法律、行政法规”的明确规定的要求，甚至是对当前司法拓展“合理使用”情形趋势的遏制。然而，《著作权法》的最新修正通过之后，前述最高人民法院《关于充分发挥知识产权审判职能作用推动社会主义文化大发展大繁荣和促进经济自主协调发展若干问题的意见》并未废止，在其他法律和行政法规明确规定的新的“合理使用”情形出现之前，司法与立法之间的矛盾冲突将长期存在。

可见，“法律、行政法规规定的其他情形”仅仅是形式上具有开放性，实质上仍未摆脱封闭式模式的窠臼。在“法律、行政法规规定”这一限定之下，所谓的“其他情形”仅是将法律渊源延展到了新《著作权法》第24条之外，但仍需要其他法律、行政法规有明确规定方能认定，实际仍是

---

① 参见李杨：《著作权合理使用制度的体系构造与司法互动》，载《法学评论》2020年第4期。

② 参见孙山：《重释知识产权法定原则》，载《当代法学》2018年第6期。

封闭列举，只是列举多少的区别而已，难言开放性和灵活性。并且，在新《著作权法》第 24 条第 1 款第 13 项的指引下，意图通过其他法律、行政法规来新增其他著作权“合理使用”的情形并不可行。一方面，从我国著作权法律法规体系修订的情况来看，通过尽快修订相关法律和配套法规来落实更多具体的“合理使用”情形并不现实。① 就著作权法律而言，我国 1990 年《著作权法》颁布至今已逾 30 年，期间仅经历 2001 年、2010 年、2020 年三次修正，其中 2010 年仅修改了个别条款，其修改频率较低且短期内也不可能再有新的修改。而就《著作权法》配套的行政法规而言，如《著作权法实施条例》《计算机软件保护条例》《信息网络传播权保护条例》，最近一次修正均在 2013 年，通过其最新修订来增加“合理使用”情形相对可行，但以上条例修订频率也较低，不可能超越新《著作权法》的规定设定“合理使用”情形，且只能适用于有限的对象（计算机软件）或权利（信息网络传播权）之上，难以及时更新其他“合理使用”情形。另一方面，在著作权法律法规体系之外，理论上也可通过教育类法律法规的修订来新增课堂教学目的的“合理使用”情形，但由于立法宗旨、任务、核心价值有别，在其他领域的法律法规之内，著作权及其限制制度缺位或较为边缘，因此，寄希望于其他法律法规来规定“合理使用”的其他情形也并不现实。

（三）“多元共治”路径之建构

如前所述，作品课堂教学“合理使用”权利限制功能有进一步释放的迫切需要，而在新《著作权法》之下，司法释放路径被严格限定在了解释、适用该法第 24 条第 1 款第 6 项规定之上，实际无力扩展同款第 13 项开放式规定的情形。与此同时，立法扩展路径也存在可行性差、灵活性不足的痼疾。因此，灵活、高效实现课堂教学“合理使用”权利限制目的和功能的路径，须在立法、司法之外，充分发挥部门规章、政策及行业自律

---

① 参见王迁：《〈著作权法〉修改：关键条款的解读与分析（上）》，载《知识产权》2021 年第 1 期。

规范等的作用，打造制度限制与政策激励相结合的“多元共治”模式，尤其是在疫情等重大突发公共事件背景下，政策、政令的介入更加及时、有效。例如，新冠肺炎疫情在日本发生之时，日本线上教育需求陡增，彼时日本2018年修改《著作权法》和《学校教育法》时新增的基于教学目的向公众传输的著作权补偿金制度尚未生效，为保障必要的线上教育的顺利开展，日本文化厅著作权课便紧急发文，重申了学校对于作品的公共传送仍须获得权利人许可的原则，但呼吁相关著作权经营者及团体予以特别关照。① 可见，就特殊时期课堂教学“合理使用”，甚至教育相关的权利限制功能的释放，也可指待文化、教育等主管部门、行业组织与著作权主管部门、行业组织之间的沟通、协调。理论上，教育公益的促进和著作权人私利的保护存在一定程度的冲突，但二者并无本质的矛盾，不能将教育公益与著作权人权益完全对立起来。从著作权法的立法宗旨来看，著作权私利保护本身是手段，其终极目的是实现更高层次的教育公益。而为了实现具化的教育公益，又需要对著作权予以必要的限制。同时，著作权私利保护也是目的，任何对著作权人合理利益的剥夺或忽视，不仅会侵害创作群体的利益，还将减损更高层次教育公益的实现。课堂教学型“合理使用”是对著作权人许可权、获酬权的双重限制，对著作权人权益的限制较为严厉，可适当尝试通过国家财政补偿、法定许可等无须同时限制著作权人许可权、获酬权的形式来实现教育公益。

事实上，要保障基于教学目的的作品使用，并非只有“合理使用”一条路径。尽管绝大多数国家都在著作权法制度内对作品的教学目的的使用设定了权利限制制度，有效满足作品课堂教学使用的需求，免除侵犯著作权之虞，但在一些北欧国家，并未将作品教学科研性使用纳入“合理使用”的范畴。因其认为对于教学科研的支持，不应通过限制著作权人私权的方式实现，而应由政府来负担授权成本。② 我国已经确认将著作权权利

① 参见日本文化厅著作权课：“新型コロナウイルス感染症対策に伴う学校教育におけるICTを活用した著作物の円滑な利用について”，2020年3月4日。

② 参见刘春田主编：《知识产权法》（第五版），高等教育出版社2015年版，第124页。

限制制度作为实现教育公益的主要途径，意味着包括政府财政支持、政府政策、政令等在内的形式无法替代权利限制措施，但不妨碍其作为临时性的、补充性的措施存在，尤其是在诸如新冠肺炎疫情等突发重大公共事件背景下，行政式的、临时性的措施往往比立法、司法性质的措施更加灵活、有效。日本2018年先后通过《著作权法修正案》和《学校教育法修正案》，对作品教学性使用的权利限制作了极大的扩展。立法者认为其他形式的教学对作品的使用与面对面授课并无实质性的差别，扩张权利限制的范围是适当的。但是考虑到与传统的面对面授课的复制相比，公共传输对著作权人利益的损害相对较大，有必要对权利人予以补偿。因此，日本新法在原有面对面授课和面对面授课录制视频远程传播两类使用免费的基础上，将慕课类新型教学性公共传输从“许可使用+个别付费”模式变更为“权利限制+一站式补偿金支付”的模式。① 该做法类似于我国的法定许可制度，在便利作品教学性使用的同时，也充分兼顾了著作权人的利益。总之，无论是财政采购、法定许可还是其他形式，均须充分考虑对著作权人利益的兼顾，在此过程中，还有必要充分发挥著作权集体管理组织的作用，因对于著作权人群体利益的代表和表达，著作权集体管理组织才是最适合的选择。

（本文仅代表作者个人观点）

① 参见郑重：《慕课背景下日本教学性权利限制制度的改革及启示》，载《知识产权》2020年第3期。

电商平台经营者的市场治理者角色及其法律规制

——以中小企业保护为视角*

王　琦**

一、导论：作为市场治理者的平台经营者

电商平台已经覆盖现代人生活的方方面面。每天人们在淘宝、京东上购物，通过“美团”“饿了么”预定外卖食品，登录“大众点评”寻找旅游休闲的去处，访问“链家”进行房屋租赁和买卖，借助“滴滴”享受短途交通，使用“去哪儿”安排长途出行。电商平台不仅改变了私人生活，同时也给经营者带来了新的商机，尤其增强了中小企业的竞争力。平台的繁荣既便利了大众生活，也为国家经济发展注入了新的动力。可以说，电商平台已经和电网、自来水及燃气管道、公路铁轨一样成为现代社会的基础设施。

* 本文系北京市社科基金项目（项目编号：20FXC026）的阶段性研究成果。

** 北京航空航天大学法学院助理教授。

首先需要问的是，电商平台是什么？答案是：电商平台不过是一个市场，或者更精确地说电商平台是一个虚拟的公共交易空间。① 市场是一种古老的经济机制，即供方和需方的分化以及彼此的互动。市场在线下世界极为常见，如现代化的大型购物中心、传统的小型集市（如春节庙会、周末地摊市场）。电商平台尽管被称为新鲜生物，但其经济本质和线下世界林林总总的各类市场并无不同，不过是一种使得供方和需方的互动成为可能的机制。② 电商平台的特殊性在于，一方面，借助信息网络使得这一空间对参与人的容纳能力远远超过传统市场，由此形成一个线下世界几乎不可能存在的“超巨型”统一交易空间；另一方面，得益于数据分析和算法技术，平台能帮助用户在繁若星辰的相对方中迅速找到合适交易对象。③

从法律角度来说，电商平台是基于网络信息技术而生的一片新兴市民社会领域，处于法秩序的规制范围之内。市场不但是机会之地，也是是非之地，这一经验既适用于线下世界的市场，也适用于线上世界的市场即电商平台。任何一个公共交易空间都需要治理才能形成秩序，那么电商平台这种虚拟交易空间应如何治理？对此必须区分外部治理和内部治理。外部治理即常规的国家行政机关治理，但电商平台凸显了常规治理方式的局限性，因为在电商平台的庞大用户和海量交易面前，任一行政机关的人力资源都不过是沧海一粟，更不用说平台交易往往跨地区甚至跨国境，因此是职权限于特定地域的行政机关所鞭长莫及的。④ 另外行政机关有下班时间，电商平台却可以 24 小时不间断营业（所谓的“互联网没有打烊”）。

所以要实现对电商平台的治理，在常规的国家力量之外，还必须寻找

---

① See European Commission Staff Working Document: Online Platforms, COM (2016) 288 final, 2016, p. 2.

② 参见周学峰、李平主编：《网络平台治理与法律责任》，中国法制出版社 2018 年版，第 14 页。

③ See Andreas Engert: Digitale Plattformen, Archiv für die civilistische Praxis, 2018(6), S. 307.

④ 参见李洪雷：《论互联网的规制体制在政府规制与自我规制之间》，载《环球法律评论》2014 年第 4 期。

其他治理力量。本文主张，足以提供这种力量的是平台经营者，① 由此实现平台的自我治理。对此虽然已有若干文献从不同角度论及，② 但大多出现在《电子商务法》施行前，因此未能反映《电子商务法》带来的重大改变。本文将展示，无论在总体原则还是具体规范层面，平台经营者的市场治理者角色都构成了《电子商务法》的一条规制主线，只有回到这条主线，我们才能对《电子商务法》作出精准的理解与适用。

在原则层面，《电子商务法》第7条规定："国家建立符合电子商务特点的协同管理体系，推动形成有关部门、电子商务行业组织、电子商务经营者、消费者等共同参与的电子商务市场治理体系。"起草者的解释是这样的："共管共治是互联网治理理念在电子商务领域的具体体现。互联网治理的基本原则是多方共治。为此，电子商务经营者特别是电子商务平台经营者通过制定交易规则和信用管理制度，实现对电子商务交易当事人的管理和约束。"③ 可见，《电子商务法》站在共管共治的立场上，赋予了平台经营者"市场治理者"或者更准确地说"市场共治者"（Co-Regulator）的法律角色。在具体规范层面，大量的规则都围绕平台经营者的市场治理功能展开，下文将逐一论及。

从形式法治的角度而言，治理是以特定公共任务为目标的依据规则的力量行使，平台经营者的治理也不例外。因此本文将首先在第二部分界定经营者治理的任务目标，然后在第三部分讨论治理的规范基础，在第四部分揭示平台（作为民事主体）的治理力量来源，接着在第五部分解析平台经营者们发明的一套综合性治理利器，第六部分是对全文观点的总结。

---

① 本文以下的"平台"一语通常指的是"平台经营者"，个别场合指的是作为整体的网络交易空间，具体是哪种意义可从语境看出。

② 参见薛虹：《电子商务第三方交易平台——权力、责任和问责三重奏》，载《上海师范大学学报（哲学社会科学版）》2014年第5期；王永强：《网络平台：市场规制主体新成员》，载《经济法论丛》第27卷；叶逸群：《互联网平台责任：从监管到治理》，载《财经法学》2018年第5期。

③ 全国人大财经委员会电子商务法起草组编著：《中华人民共和国电子商务法条文释义》，法律出版社2018年版，第44页。

二、平台经营者的治理任务：维护诚信秩序，打击机会主义行为

在治理者角色中，平台经营者既不参与交易，也不提供交易撮合服务，而是作为治理者居于一极，面对平台的所有用户，既包括全部“平台内经营者”①，也包括各种顾客（消费者、非消费者）。治理作为一个“任务包”是可以没有上限的，但《电子商务法》对平台提出的治理任务却是有限的，这完全恰当，因为承担过多治理任务对平台经营者既不堪其重，也缺乏动力和兴趣，而且还会导致经营者与国家行政机关间的职能冲突。② 另外，平台经营者进行治理也不是为了替用户去作出所谓的“最佳决定”，例如替卖家决定采取何种销售策略最有利，替买家决定选择哪位卖家最靠谱，按照民事活动自愿原则（《民法典》第5条），这些都由民事主体自行决定，平台无权干预。

按照《电子商务法》的规制逻辑，笔者认为，平台经营者的治理任务非常明确，就是在交易空间内建立和维护一种诚信秩序，重点则是防范和惩治在远程交易中极易发生的机会主义行为。③ 机会主义行为这一概念源自经济学，其意义大略是，每个人都有追逐利益的本性，如果没有事前预防措施或者事后不利后果，每个人都自然地倾向于最大限度地实现自己的利益，哪怕这会给他人利益造成极大损害。耳闻目睹或者亲身经历使我们

---

① 平台经营者的定义见《电子商务法》第9条第2款规定：“本法所称电子商务平台经营者，是指在电子商务中为交易双方或者多方提供网络经营场所、交易撮合、信息发布等服务，供交易双方或者多方独立开展交易活动的法人或者非法人组织。”

② 参见周汉华：《论互联网法》，载《中国法学》2015年第3期；丁道勤：《电子商务法平台责任“管道化”问题及其反思》，载《北京航空航天大学学报（社会科学版）》2018年第6期；魏露露：《网络平台责任的理论与实践——兼议与我国电子商务平台责任制度的对接》，载《北京航空航天大学学报（社会科学版）》2018年第6期。

③ See Andreas Engert: Digitale Plattformen, Archiv für die civilistische Praxis, 2018(6), S. 352.

知道，欺诈、以次充好、坑蒙拐骗、“一锤子买卖”在市场里绝非小概率事件。而且电商平台这种远程交易环境更会放大机会主义行为的风险，原因有两方面，一方面，在远程交易中，双方对彼此掌握的信息本来就少；另一方面，由于双方间缺少共同的社会关系网络（如同一地域、同一职业），社会关系网络所具有的行为约束力也无从发挥。防范机会主义行为对平台经营者不仅是法律上的“应为”，而且也是其自身利益所在，因为如果平台促成的交易频频出现争议或者为人所诟病，平台经营者必将在纠纷处理中焦头烂额，而且还会面临用户的流失，这对以用户数量为根本竞争力的平台无异于灭顶之灾。

围绕着这一任务目标，《电子商务法》对平台经营者提出了一系列行为要求。① 如按照《电子商务法》第27条，平台对每一个申请进入平台的经营者都需进行资质预先审核和定期复核更新，这是为了保证进入平台的都是有一定可信度的经营者；又如第31条规定，平台必须将交易信息保存至少三年，这有利于对用户行为的追踪和争议的调查；再如第63条允许平台建立在线争议解决机制，由此平台可应双方请求对纠纷作出预裁，这是为了简化和加速争议处理。另外平台经营者还创造出了一套综合性的治理工具，即评价制度，这套工具拥有巨大的威慑力和几近无死角的覆盖面，详见下文第五部分。

三、平台经营者的治理规范基础：平台用户协议及配套规则

（一）用户协议和配套规则作为平台的共同体章程

平台经营者和平台用户同为民事主体，彼此间地位平等（《民法典》第4条），凭什么前者能够治理后者？答案是，平台以双方合意的方式实现了自我赋权，这种合意外在表现为以格式合同形式出现的用户协议和配

① 参见薛军：《电子商务法平台责任的初步解读》，载《中国市场监管研究》2019年第1期。

套规则。[①] 就像学校章程是学校自我管理的依据（《教育法》第29条第1款第1项），公司章程使公司自治成为可能（《公司法》第11条）一样，平台的用户协议及配套规则也构成了这一公共交易空间的共同体章程。

（二）平台的规范供给功能

从治理角度来说，规范首先是一种治理资源。治理者必须供给足够的规范，才能实现对平台用户的引导和管理。这些规则首先来自法律，尤其是《电子商务法》，但一方面，《电子商务法》规则数量有限，另一方面，其中大量条文都是宣示性的，而电商交易需要的规则不仅数量大，而且必须易于操作，另外更要经常更新才能跟得上实践的日新月异。仅凭国家立法远远不足以满足上述需求，因此平台经营者的一个重要任务就是为用户提供作为公共资源的规范，可以说“规范供给者”是其“市场治理者”角色的一个局部面向。某些学者称平台经营者具有一种“私立法者”的地位。[②]

国家机关供给规则依靠立法权，平台供给规则则是以合同自由为依据，以格式合同为媒介来实现。以淘宝平台为例，淘宝平台已经形成了一套非常发达和细化的规则体系，这套体系呈现出“一干多枝”的形态。[③] 所谓的“主干”是《淘宝平台服务协议》（最新版为2019年8月19日版），[④] 所谓的“多枝”则是一系列的“补充规则”，后者通过前者的引致

① 参刘凯湘、刘晨：《互联网第三方平台服务协议效力的判断原则及其意义——评蔡振文诉淘宝案》，载《中国应用法学》2013年第3期。

② See Heike Schweitzer: Digitale Plattformen als private Gesetzgeber: Ein Perspektivwechsel für die europäische Plattform-Regulierung, ZEuP 2019, S. 1.

③ 目前在淘宝的“规则体系”栏目下共有2108个条目，参见淘宝平台规则网 https：//rule. taobao. com/search. htm? spm = a2177. 7231193. 0. 0. 7d7617eap1u0lp，访问时间：2021年8月19日。

④ 参见《淘宝平台服务协议》，载淘宝平台规则网 https：//rule. taobao. com/detail-11000666. htm? spm = a2177. 7231193. 0. 0. 3e1c17eaDlc8Gh&tag = self，访问时间：2021年8月19日。

条款被纳入规则体系中。[①] 淘宝的补充规则目前又分为“店铺管理”“行业市场”“商品管理”“信用及经营保障”“商品管理”“营销推广”“内容推广”“交易管理”“争议处理”“违规处理”“临时公告”等多类，每一类下还有多种细项。平台规则在电商交易实践中起着不可或缺的作用。

（三）平台规则中惩罚措施条款的合法性及其法律本质分析

平台规则的特殊之处在于规定了对违规行为的惩罚措施。例如《淘宝网市场管理与违规处理规范》第六章以“违规情形及处理”为标题，其中由轻到重规定了二十多种惩罚措施，从“限制发布商品”“商品搜索降权”“店铺屏蔽”直到“关闭店铺”“查封账户”等。有争议的是，平台是否有权规定和执行“惩罚措施”？司法判决对此已明确表态：在“1号店案”[②] 中，平台经营者依据平台规则对商家作出冻结店铺999天的处罚，商家认为双方是平等主体，平台无处罚权。法院强调：“所谓冻结店铺等，实际是被告停止向原告的网上店铺提供服务或停止合作，仍是民事纠纷的处理，而不是执法机关的行政处罚，可以在当事人之间约定，并不存在违法的问题。”在“减肥胶囊案”[③] 中，平台对被曝光有健康威胁的减肥胶囊作下架处理并且临时冻结商家的支付宝账户，法院同样认定作为上述措施依据的平台规则有效。

司法判决的立场值得赞同。[④]“惩罚措施”的法律本质其实是合同违约

---

① 《淘宝平台服务协议》第2.2款规定：“由于互联网高速发展，您与淘宝签署的本协议列明的条款并不能完整罗列并覆盖您与淘宝所有权利与义务，现有的约定也不能保证完全符合未来发展的需求。因此，淘宝平台法律声明及隐私权政策、淘宝平台规则均为本协议的补充协议，与本协议不可分割且具有同等法律效力。如您使用淘宝平台服务，视为您同意上述补充协议。”

② 参见深圳市幸福久久珠宝有限公司诉纽海电子商务（上海）有限公司网络服务合同纠纷案，上海市浦东新区人民法院（2014）浦民二（商）初字第2270号民事判决书。

③ 参见许某群与浙江淘宝网络有限公司网络服务合同纠纷案，浙江省杭州市中级人民法院（2015）浙杭民终字第328号民事判决书。

④ See Dirk Heckmanm (hrsg.): jurisPK-Internetrecht, Juris GmbH, 2017, S. 152.

责任。例如《淘宝网市场管理与违规处理规范》第24条规定，卖家利用淘宝店铺出售假冒商品的，平台可以采取限制发布商品、查封账户等措施，这些措施的本质不过是长期性合同关系中一方当事人违约时，另一方可以主张的违约责任，即暂时中止履行（限制发布商品）或者行使获得的解除权（查封账户）。这类似于借款合同中当借款一方未按照约定用途使用借款时，贷款人可以停止发放借款、提前收回借款或者终止合同（《民法典》第673条）。因此平台经营者在平台规则中加入对违规行为的惩罚手段的条款，本质上是灵活运用违约责任，使其承担维护交易秩序的新使命，应予许可。

（四）司法机关对平台格式合同应采取的态度：总体认可+局部控制

平台经营者进行市场治理离不开平台规则，平台规则又是以格式合同的形式存在并由此构成司法审查的对象，因此平台自治的首要法律保障就是司法机关认可平台的格式合同。① 如果司法机关完全否认平台格式合同的效力，这无异于推倒平台的规范支柱，其结果必然是交易空间的整体失序，这是不可想象的。

司法实务中也不存在这样的做法。在案例检索过程中，笔者未找到一件宣告平台格式合同整体无效的判决，相反，只见到很多判决是以明确承认或者默认格式合同的效力为前提作出的，仅以入选最高人民法院第一批涉互联网典型案例的两案为例：在“假五粮液案”② 中，法院不仅承认淘宝平台从一开始就可以借助格式条款与用户订立合同，而且还认可平台嗣后对用户协议的修订同样有效；在“淘宝店铺转让案”③ 中，判决的出发

① 阙梓冰、李秀红：《网络交易服务协议的效力》，载《人民司法·案例》2017年第32期。

② 参见最高人民法院发布的第一批涉互联网典型案例之三：浙江淘宝网络有限公司诉许文强等网络服务合同纠纷案。

③ 参见最高人民法院发布的第一批涉互联网典型案例之四：王兵诉汪帆、周洁、上海舞泡网络科技有限公司网络店铺转让合同纠纷案。

点同样是承认平台协议的效力。

鉴于司法现状，需要警惕的不仅仅是对平台规则的司法排除，更是对其的司法放任或疏于审查。平台规则固然有极高的实用价值，但也非常容易越界，原因不难理解，平台规则往往出台很快，又没有经历立法那样的反复修改和各方协商，不可能处处妥当。所以司法机关应当掌握尺度，必须明确自身对平台规则负有审查的义务和权力。审查的具体内容，一是格式条款是否满足订入控制的要求，这主要涉及平台是否尽到提请相对方注意的义务（《民法典》第 496 条第 2 款），二是格式条款是否满足内容控制的要求，即是否有格式条款的专门无效事由（《民法典》第 497 条第 2 项、第 3 项：不合理地免除或者限制己方责任、加重对方责任、限制或者排除对方主要权利等）以及法律行为的一般性无效事由（《民法典》第 153 条：违反法规禁令、违背公序良俗）的介入。

另外，《电子商务法》从承认平台经营者享有规则创制权和执行权的前提出发，在第 32 条至第 36 条对平台作出了多项约束：第 32 条正面规定了平台规则须满足公平、公正、公开的要求，第 35 条从反面禁止平台规则对平台内经营者施加不合理限制、提出不合理条件或收取不合理费用；第 33 条规定经营者必须将平台规则在首页位置持续公示，第 34 条进一步要求平台在修改规则前需公开征求意见，另外按照第 36 条的规定，平台经营者依据平台规则对用户违规行为进行处置时，同样必须公示，这些也是法院在审理案件时应注意的事项。

总结而言，司法机关对平台格式合同的恰当立场是，一方面总体认可格式合同的效力，另一方面保持对格式合同的局部审查。前者意味着司法保障平台的规则制定权，使平台自治成为可能；后者意味着司法纠正平台规则的不合理之处，引导平台规则不断完善发展。

四、平台经营者的治理力量来源：对技术系统和数据资源的支配

治道无他，唯赏与罚。为善不能赏，作恶不能罚，虽尧舜复生不能为

治。所以治理终究需要赏罚的力量作支撑，但平台经营者并非行政机关，因此也不可能调动国家资源来或赏或罚。但平台有自己的力量，这种力量的根源是平台对技术系统和数据资源的支配。这种支配首先使平台获得了对每位用户、每场交易的定位、追踪和干预的能力，这种能力显然是线下世界的市场经营者不具备的。

对技术系统和数据资源的支配还使平台获得了一种“排序权”，部分论者也将其称为“市场布置权”（Kuratieren des Marktplatzes）。① 这是一种在现实中极为重要但在学理上尚未得到足够关注的权力。排序权本质是对用户交易机会的影响力，最常见于对商品（商家）的搜索排序。在平台的大量商家中，谁排序越靠前或者获得其他区分标识（如“五钻卖家”“五星店铺”），交易机会就越多，竞争力也越强。当然排序也可作用于消费方，例如信用较高或者消费金额累计较多的用户能更早地获得服务（例如网约车服务高峰期时被提前接单）或享受其他优惠。在交易机会作为一种稀缺资源的背景下，平台经营者基于对技术系统和数据资源的支配控制了排序系统，也就掌握了分配交易机会的权力。如果用户不遵守规则，那么平台可在搜索序列中将其压后甚至直接屏蔽，减少其交易机会，这本身就是一种有效的惩罚；反之，如果用户遵守规则，平台则将其提前或者突出，增加其交易机会，这也是一种有效的奖励。因此，平台经营者即便不能动用国家权力，也为自己找到了一种从市场中来、到市场中去的赏罚力量。

五、评价系统作为平台经营者的综合治理工具

（一）评价系统的功能概说

评价系统（Bewertungs system）是网络世界一个了不起的发明。电商业中使用评价系统的先行者易贝（Ebay），随后迅速流行开来，现在评价

---

① See Parker, Van Alstyne, Choudary: Die Plattform - Revolution, mitp Verlags GmbH & Co. KG, 2017, S. 37.

系统几乎已经成为电商业界的标配。① 尽管评价系统的功能通常被描述为向用户提供信息，帮助其作出决策，但从另外一个角度来说，评价系统是平台经营者进行治理的综合工具。如前所述，治理电商市场的首要难题在于，庞大的用户量和交易量要求极高的治理人力资源投入，无论是国家行政机关还是平台经营者都不具备这样的人力资源。评价系统的引入使这一难题得以化解，因为通过评价系统，每位用户不但可以对所参与的交易作出评价，而且评价信息会被系统保存下来提供给其他用户查阅。由此评价系统把每位用户都变成了监督者，用户数量越多，治理的人力资源也就相应增加。而且评价系统不仅有威慑作用，也有激励作用，因为系统不光记录差评，同时也记录好评，所以评价系统能够抑恶扬善。从经济角度说，一位“经济人”会考虑到，即便能通过一次机会主义行为牟利，但随后而来的差评会使其失去更多的交易机会。出于利害计算，经济人会倾向于选择放弃短期利益，转而诚信行事来提升自己的评价等级，以求在长时段内获得更多的交易机会和更大的交易收益。

所谓的“综合性”意味着，评价系统的运作建立在平台经营者的规范制定和力量行使这两类活动的基础上。在规范制定层面，平台通常都会出台关于评价系统的专门规则，如《淘宝网评价规范》《京东开放平台评价管理规则》，其中既规定了作出评价的方式、时限、修改可能性和计分方法，也规定了对违规评价的投诉和处理流程；在力量行使层面，评价的后果与前文所说的排序权密切相关，即平台通常将受评价状况作为排序依据，评价等级越高，也就在排序列表中处于越靠前的位置，反之亦然。②

---

① See Steven Tadelis, Reputation and Feedback Systems in Online Platform Markets, Annual Review of Economics, 2016, p. 323; 胡凌：《数字社会权力的来源：评分、算法与规范的再生产》，载《交大法学》2019 年第 1 期。

② 如《京东开放平台评价管理规则》（2020 年 3 月 18 日最新修订版）第 1.3.6 条规定：“店铺综合评分：指京东系统结合消费者评价数据（计算周期为近 180 日内）和平台监控的数据（计算周期为近 90 日内）两部分内容，客观地计算出店铺综合服务指标，帮助消费者判断出更优质的店铺。同时，店铺综合评分会影响店铺/商品的搜索排序、活动提报、钻石服务认证及店铺续签等。”

评价系统作为一个新生事物，引发了较多疑难问题，下面挑选尤其重要的几个问题分析讨论。

（二）设立评价系统作为对平台经营者的法定强制要求

设立评价系统究竟是电商平台的经营自由，还是一种强制要求？也就是说，平台经营者可否不设立评价系统？在这一问题上，我国实证法的态度经历了一个从自愿到强制的变化过程。《电子商务法》出台前，我国网络交易领域的基本规范当属 2014 年施行的《网络交易管理办法》（原国家工商行政管理总局制定），其中第 32 条称“鼓励第三方交易平台为交易当事人提供公平、公正的信用评价服务”。可见《网络交易管理办法》虽然有明显倾向性，但依然将是否设立评价系统交由平台自由决定。

《电子商务法》第 39 条第 1 款则改变了立场，将设立评价系统规定为平台经营者的义务，该款要求“电子商务平台经营者应当建立健全信用评价制度，公示信用评价规则，为消费者提供对平台内销售的商品或者提供的服务进行评价的途径”，另外还在第 81 条第 1 款第 4 项为不履行上述义务（“未为消费者提供对平台内销售的商品或者提供的服务进行评价的途径，或者擅自删除消费者的评价的”）的电商平台规定了行政处罚措施（限期改正、罚款）。由此《电子商务法》迈出了重大一步，将设立评价系统从平台的经营自由领域抽离出，上升为一种强制要求。

（三）平台用户对评价系统的容忍义务

平台用户尤其是平台内经营者是否可以拒绝参加评价系统，比如以信息自主权为理由（《民法典》第 111 条）。对此法律并无明确规定，笔者认为应作否定回答。

这一立场首先可以在比较法视野下从德国法找到支持。在 2014 年的“评医案Ⅱ”（Ärztebewertung Ⅱ）① 中，被告经营一家医生评价网站，自行

---

① See BGH: Zulässiges Speichern und Übermitteln von Daten im Internet – Ärztebewertung II, GRUR 2014, S. 1228.德国法上有多件涉及医生评价的判决，文献中习惯用罗马数字Ⅰ、Ⅱ等来区分。

搜集整理医生的信息（如姓名、专业领域、学历、诊所地点等）供用户查阅和评价。原告是一名医生，在了解到自己在该网站上被多次评价后，起诉要求被告删除对自己的条目和评价。德国最高普通法院在终审中重申了前两审的立场，驳回原告的诉求，认为被评价人的信息自主权应让位于评医网站的表达自由。

其次，从利益权衡角度来说，就像线下世界的商家需要容忍顾客在共同的社交关系网络中（比如同行、邻居）对他作出评价一样，网络世界的商家同样必须接受这一点。任何一个人只要参与市场交易，就不能期望交易相对方对他只说好话不说坏话，也必须承担负面评价带来的不利后果，这对交易参与人并非不合理的负担，而参与市场交易所必然付出的代价。另外，《最高人民法院关于审理名誉权案件若干问题的解释》第9条第1款第1句规定，“消费者对生产者、经营者、销售者的产品质量或者服务质量进行批评、评论，不应当认定为侵害他人名誉权”，实际上也一般性地肯定了消费者对经营者的评价权；正如同款第2句所表达的，“但借机诽谤、诋毁，损害其名誉的，应当认定为侵害名誉权”，平台用户可以主张的并非拒绝参与评价系统，而仅仅是在出现侵害名誉权的失实或者过度评价时主张法律救济。

（四）平台经营者对滥用评价系统行为的规制义务

实践中评价系统频繁遭遇滥用，按照《电子商务法》第39条第1款，平台经营者负有健全评价制度的义务，这一义务的内容也延伸至对滥用评价系统行为的规制。

1. 规制的出发点：区分受允许的评价和不受允许的评价

绝大多数的评价都是受允许的，但对评价系统的滥用也导致出现了不受允许的评价，主要类型有五种。[①] 第一类是商家（平台内经营者）的“炒信刷单”行为，即以不正当的方式提高信用等级，目的在于增加交易

① 详细的讨论参见王琦：《交易差评的侵权法规制——以违法性审查为焦点》，载《北方法学》2021年第4期。

量，获得更高的信用评分。现实中甚至出现了专门为他人刷单的“灰色”服务。① 第二类是同行的恶意差评，即同行自行或者雇佣别人给竞争对手作差评，这本质上属于一种不正当竞争行为（《反不正当竞争法》第 11 条意义上的商誉诋毁）。② 第三类是“职业差评人行为”，职业差评人通过弄虚作假例如故意留下虚假地址称未收到商品，随后以作出差评威胁卖家支付一笔金额。这种行为在严重的情况下甚至构成敲诈勒索罪（《刑法》第 274 条）。③ 第四类是内容违反法规禁令的评价，如煽动分裂国家、宣扬恐怖主义、极端主义，宣扬民族仇恨、传播暴力、淫秽色情信息，传播虚假信息、侵害他人名誉、隐私等。第五类是内容极度不当的评价，这类评价虽然基于真实的交易作出，但要么在事实层面有重大误差，要么在评价尺度上极度偏激。④

另外还有所谓的“异常评价”，这通常是平台经营者通过大数据分析和比对所发现的可疑评价。⑤ 通过这种主动排查，经营者增强了对滥用评价系统行为的防治力度。须注意的是，如果发生争议，经营者的排查结果只是关于评价不受允许的一项证据，相对方可以举出更有力的证据来推翻

---

① 如浙江淘宝网络有限公司等诉杭州简世网络科技有限公司不正当竞争纠纷案：被告接受部分淘宝商家的委托，组织网络刷手实施虚假刷单，参见浙江省杭州市西湖区人民法院（2016）浙 0106 民初 11140 号民事判决书。

② 见徐州市合浩商贸有限公司与李某硕、山东靓猫商贸有限公司等商业诋毁纠纷案，参见江苏省徐州市中级人民法院（2020）苏 03 民初 240 号民事判决书；广州黑盘羊贸易有限公司与廖某某、解某商业贿赂不正当竞争纠纷案，参见广东省广州市荔湾区人民法院（2016）粤 0103 民初 6449 号民事判决书。

③ 此类案件数量很多，如许某敲诈勒索案，广东省深圳市宝安区人民法院（2017）粤 0306 刑初 7354 号刑事判决书；杜某等敲诈勒索案，参见江苏省海门市人民法院（2017）苏 0684 刑初 587 号刑事判决书。

④ 参考成都鼎力家政服务有限公司诉何某名誉权纠纷案，四川省成都市中级人民法院（2017）川 01 民终 9779 号民事判决书：法院认为被告作出的差评严重偏离客观事实，判令被告将差评删除。

⑤《淘宝评价规范》（2020 年 5 月 20 日修订版）第 12 条规定不受允许的评价包括“淘宝排查到的其他异常的交易”。

这一证据。①

2.《电子商务法》第39条第2款的适用范围限于受允许的评价

区分了受允许的评价和不受允许的评价，自然也就提出了平台对后种评价的删除问题。但《电子商务法》第39条第2款似乎构成了某种阻碍，该款称“电子商务平台经营者不得删除消费者对其平台内销售的商品或者提供的服务的评价”。光从字面而言，似乎平台不得删除用户在评价系统作出的任何评价，但这一解释显然不合情理，前文所述的五类不当评价要么构成侵权，要么构成不正当竞争，这些不法行为不但不应得到平台的撑腰，反而是平台要清理的对象。所以恰当的解释是将该款的适用范围限定于受允许的评价，这种解释兼顾了评价人和被评价人的利益，为平台行使治理功能清除了阻碍。

3. 平台对争议评价的实质审查和妥善处理义务

收到对评价的投诉后，平台应如何回应？对此有两种方案。第一种方案是平台只作形式上的审查，比如检查是否有非常明显的不法情形。第二种方案是平台须作一种实质性审查。本文支持的是第二种立场，即电商平台应发挥“评价监督人”的作用，这是其“治理者”角色的又一面向。②

原因有如下几方面。第一，这符合权利义务的一致性原则（《民法典》第131条）。既然平台通过平台协议中的有关条款获得了对评价的屏蔽、删除甚至限制用户使用评论工具的权利，那么平台也应承担起相应的调查义务。第二，这也有利于高效便利地解决纠纷。平台不仅直接掌握特定交易的全部信息，而且还拥有双方历史交易数据和其他海量数据，利用数据分析，平台可以较为准确地作出判断。实务中法院在审查评价的合法性时

---

① 参考陈某某与浙江淘宝网络有限公司网络服务合同纠纷上诉案，浙江省杭州市中级人民法院（2016）浙01民终7362号民事判决书：淘宝通过数据比对发现商家涉嫌虚假交易，商家未能证明交易的真实性。

② 德国“评医案Ⅲ”判决也认为评医网站经营者需对有争议的差评作实质性调查。See BGH: Zumutbarer Prüfungsaufwand des Providers -Ärztebewertungsportal III, NJW 2016, S. 2110.

也在一定程度上借助平台的专业资源。① 而且平台审查免去了当事人跋涉去法院起诉、应诉的辛劳，当事人只需使用智能通讯设备即可请求平台介入。第三，这是保持评价系统的威慑力所必需的。不难理解，如果只要相关方一投诉，平台就删除评价，那么评价系统的威慑力将荡然无存。

基于这种实质性审查义务，平台须对争议评价作专门调查，可采取的措施如要求当事人提供细节信息，在不透露一方个人信息的前提下，将该方的意见转告另一方，由另一方作出回应，另外还可将本次交易数据同当事人的历史交易数据或者同类交易数据作比对。②

就处理结果而言有如下几种可能性。如果平台主持双方达成和解，那么自然可由评价方主动修改或者删除差评。如果一方拒绝和解，那么平台必须作出裁决。对此又须区分两种情况。第一种情况是，如果平台基于所掌握的信息判定该评价属于受允许的评价，那么就应拒绝删除评价的请求，或者更准确地说，在这种情况下平台负有拒绝删除评价的义务。③ 当事人对此不服的话就必须走司法途径，通常是向法院起诉。第二种情况是，如果平台判定这是一种不受允许的评价，则可屏蔽这一评价，但必须在后台系统中对其进行保存。这是考虑到如果当事人对此结果不服诉诸法院而法院又最终判定平台的处置不当，那么平台应当恢复评价条目并向当事人赔礼道歉。④

---

① 广州黑盘羊贸易有限公司与廖某某、解某商业贿赂不正当竞争纠纷案，参见广东省广州市荔湾区人民法院（2016）粤 0103 民初 6449 号民事判决书：法院采纳了淘宝公司的数据分析结果，认定涉案评价是来自竞争者的恶意评价。

② See Niko Härting: Internetrecht, Verlag Ottoschmidt, 2017, S. 209.

③ 林某诉李某等名誉权纠纷案，参见浙江省杭州市上城区人民法院（2009）杭上民初字第 1323 号民事判决书：法院认定，一项差评是合法的，因此平台拒绝被评价人的删除请求也是正当的。

④ 唐某焕与宁波高新区雷格森科技有限公司、浙江天猫网络有限公司侵权责任纠纷案，参见北京市海淀区人民法院（2017）京 0108 民初 32066 号民事判决书：法院认定淘宝删除用户评价的决定不当，判令淘宝向评价人赔礼道歉。

六、观点总结

电商平台作为一个有海量用户参与的巨型虚拟公共交易空间，其秩序的形成离不开平台经营者的治理。《电子商务法》正式承认了平台经营者的“市场治理者”角色，并对其作出了一整套法律规制，一方面为平台经营者从事治理创造前提条件，另一方面也对其作出约束。

平台经营者的治理任务是维护市场诚信秩序，打击机会主义行为。经营者治理有其规范基础，即以格式合同形式出现的平台用户协议和配套规则，这也构成了平台的共同体章程，使平台自治成为可能。平台规则中的所谓惩罚措施（如冻结店铺、商品下架）其内核是合同违约责任，具有合法性。司法机构对平台格式合同应采取的立场是“总体认可+局部控制”。经营者的治理力量源自对技术系统和数据资源的支配，这首先使得平台经营者拥有了对用户的“排序权”（本质上是对用户交易机会的影响力）。

通过评价系统，平台赋予了每位用户监督权，也让每位用户处于被监督的地位。评价系统通过记录差评发挥威慑作用，通过记录好评发挥激励作用，以此引导用户诚信行事。设立评价系统是《电子商务法》对平台经营者的强制要求，用户不得拒绝参加评价系统。平台负有规制滥用评价系统行为的义务，规制的出发点是区分受允许的评价和不受允许的评价，《电子商务法》第39条第2款规定的对删除评价的禁令限于前者。平台对争议评价需作实质审查和妥当处理，对受允许的评价应予维护，对不受允许的评价应予删除。判

（本文仅代表作者个人观点）

农户成员分割土地承包经营权司法裁判研究*

申惠文**

1986年颁布的《民法通则》采用了“农村承包经营户”的概念，2002年颁布的《农村土地承包法》采用了“农户”的概念，2020年颁布的《民法典》既采用了“农村承包经营户”的概念，也采用了“农户”的概念。目前全国有2.3亿户农户，户均经营规模7.8亩，经营耕地10亩以下的农户有2.1亿户。① 2018年修正的《农村土地承包法》第21条规定，耕地承包期届满后再延长三十年，草地、林地承包期届满后也相应延长。在长达六十年或更长的承包期内，农村承包经营户的成员能否因结婚、离婚、死亡、职业改变等原因，请求分割土地承包经营权，是实践中的疑难问题。然而，该问题

* 本文系国家社科基金重大项目“新时代中国特色土地管理法律制度完善研究”（项目编号：18ZDA152）的阶段性研究成果。

** 郑州大学法学院副教授，郑州大学私法研究中心研究员。

① 参见《全国98%以上农业经营主体仍是小农户 现代农业路上不能让小农户掉队》，载《经济日报》2019年3月2日。

长期被认为是家庭内部的小问题，学术界没有给予足够的重视。农户作为土地承包经营权的主体，看似产权清晰，实际产权是模糊的。因农户成员是不断变动的，产权纠纷不断发生。为此，本文首先对农户成员分割土地承包经营权的民事裁判和行政裁判，分别进行类型化的梳理，接着运用法政治学的基本原理，从国家性质、国家治理、国家权力、协商民主等视角解读司法裁判的现状，然后从法政策学的角度，指出司法裁判的政策选择，最后从法律解释学的角度，指出存在的法律争议及应然的解决方案。

一、农户成员分割土地承包经营权的民事裁判

农户成员是否有权请求分割土地承包经营权，民事裁判并不统一。根据中国裁判文书网的搜索，不支持分割的民事裁判文书的数量，要远远大于支持分割的数量。支持分割的司法裁判多集中在离婚女、外嫁女等主张的情形。

（一）夫妻离婚分割土地承包经营权的民事裁判

从司法裁判文书看，不支持分割土地承包经营权的原因，主要包括如下四种：第一，土地承包经营权是在结婚前取得，结婚后没有调整承包地。如在某案中，对离婚女刘某要求分割土地承包经营权的诉讼请求，法院判决不予支持，因为其结婚发生在第二轮土地承包之后，集体经济组织并没有重新调整土地。① 第二，土地承包经营权的权利主体是承包户，承包地不是夫妻共同财产。如在某案中，对离婚女庞某主张的2.6亩承包地，法院认为不属于夫妻共同财产，因为农村土地采取家庭承包的方式，承包户是权利主体。② 第三，集体经济组织不参与，不作出决定，法院难以分割。如在某案中，对离婚女莫某要求分割土地承包经营权的诉讼请求，法院判决不予支持，因为农村承包地的调整，应当由集体经济组织或村民委

---

① 参见四川省内江市中级人民法院（2014）内民终字第31号民事判决书。
② 参见山东省德州市中级人民法院（2016）鲁14民终331号民事判决书。

员会依法作出。[①] 第四，土地承包经营权没有登记，法院不予处理。如离婚女庞某没有提供承包地权属登记情况或相应的权利证书，法院对其分割承包地的诉讼请求不予处理。[②]

从支持分割的司法裁判文书看，大致包括三种具体的分割方法。第一种方法是进行地块的分割。如涉案承包地 3 块，每人 1.2 亩，共计 4.8 亩，法院将其中一块承包地东西分割出 1.2 亩，判决给离婚女王某。[③] 又如涉案承包地 5 块，共计 7.62 亩，法院将其中一块面积为 2.48 亩承包地，判决给离婚女张某及其女儿。需要指出的是，在该案中，张某及其女儿起诉时主张 1/3 的承包地，也即 2.54 亩，没有明确地块；庭审时明确具体的地块，放弃 0.06 亩，变更为面积是 2.48 亩的一块承包地。[④] 第二种方法是进行面积的分割。如涉案承包地 5 块，其中堡后头 3.67 亩，1 号井 3.5 亩，三家庄峡 2.49 亩，长珍 2.19 亩，马家地 0.85 亩，共计 12.7 亩，每人 2.3 亩，法院判决分割给离婚女房某 2.3 亩承包地，但没有明确具体的地块。[⑤] 第三种方法是进行份额的分割。根据承包时的人口分割，还是根据现有的人口分割，法院的裁判并不统一。如法院在某案中，裁判根据承包时人口分配补偿款，离婚女于某只是因为婚姻关系，分得了丈夫潘某的一半承包地补偿款。[⑥] 又如法院在另一案中，按照现有家庭成员分割补偿款，去掉两个已经出嫁的姐姐，增加因结婚加入的刘某和因出生加入的王某，承包户成员是 5 人，对离婚女刘某主张 1/5 的征地补偿款予以支持。[⑦]

（二）父母子女分割土地承包经营权的民事裁判

农村土地承包时，子女如果是未成年人，往往是父母作为户主，签订

---

① 参见广西壮族自治区百色市中级人民法院（2015）百中民一终字第 1119 号民事判决书。

② 参见山东省德州市中级人民法院（2016）鲁 14 民终 331 号民事判决书。

③ 参见甘肃省天水市中级人民法院（2016）甘 05 民终 215 号民事判决书。

④ 参见江苏省泰州市中级人民法院（2014）泰中民四终字第 327 号民事判决书。

⑤ 参见山西省运城市中级人民法院（2014）运中民终字第 753 号民事判决书。

⑥ 参见河北省石家庄市中级人民法院（2015）石民二终字第 01677 号民事判决书。

⑦ 参见青海省西宁市中级人民法院（2015）宁民三终字第 56 号民事判决书。

土地承包合同。若承包时父母年龄较大，子女往往作为户主，签订土地承包合同。实践中，发生很多父母起诉子女，子女起诉父母，要求分割承包地的纠纷，法院往往裁定驳回起诉。具体理由大致包括三种。第一，分割土地承包经营权是承包合同纠纷，不属于法院受案范围。如在某案中，父母起诉儿子，要求分割承包地，一审法院裁定驳回起诉，二审法院维持原裁定，再审法院仍然驳回了父母的再审申请。① 第二，农户享有的土地承包经营权是物权，农户成员与集体经济组织分别签订承包合同之前，不享有物权，只享有成员权。如在女儿起诉父亲，要求分割承包地一案中，法院肯定了外嫁女具有家庭承包户的家庭成员资格，肯定了外嫁女的土地承包权益，但驳回了要求分割承包地的诉讼请求。② 第三，土地使用权纠纷由政府处理。如在某案中，父亲起诉儿子，要求分割承包地，法院裁定驳回起诉，不作为民事纠纷受理，同时指出可以由政府解决。③ 在另一起父亲起诉儿子一案中，双方均认可每人均享有一半的承包地，但对承包地的地块达不成一致意见，法院仍然没有作出分割的判决。④

（三）兄弟姐妹分割土地承包经营权的民事裁判

父母去世，兄弟姐妹单独立户，往往对父母作为户主的承包地如何使用产生纠纷，进而诉至法院。对此，法院目前主流的裁判思路往往是不予受理。第一种理由是土地承包经营权不属于家庭共有财产。如在某案中，父母去世后，兄弟姐妹要求平分土地承包经营权，一审将此案确定为分家析产纠纷，二审法院将此案定性为土地承包经营权纠纷，驳回了当事人的起诉。⑤ 第二种理由是家庭承包户内部的分配纠纷，不属于法院受案范围。如在父母去世，两个姐姐起诉弟弟，要求分割承包地一案中，法院裁判认为，家庭成员对承包经营管理土地的权益分歧，是家庭承包户内部的分配

---

① 参见江苏省高级人民法院（2014）苏审三民申字第01053号民事裁定书。
② 参见甘肃省定西市中级人民法院（2018）甘11民终166号民事裁定书。
③ 参见河北省邯郸市中级人民法院（2015）邯市民四终字第00206号民事裁定书。
④ 参见甘肃省天水市中级人民法院（2013）天民一终字第134号民事裁定书。
⑤ 参见广西壮族自治区河池市中级人民法院（2016）桂12民终157号民事裁定书。

纠纷，不属于法院受案范围。①

在兄弟姐妹分割承包地补偿款的一些案件中，法院往往予以支持。常见的一种处理思路是按照承包时的人数分割补偿款，遵循“增人不增地，减人不减地”的政策。如法院裁判外嫁女祖某虽然户口迁走，但依法仍然享有土地承包经营权，应当分得 1/4 的土地征收补偿款。②

（四）农户其他成员分割土地承包经营权的民事裁判

实践中，祖父母、外祖父母与孙子女、外孙子女，丧偶儿媳与公公、婆婆等农户其他成员之间要求分割承包地的，法院往往不予受理。如在某案中，丧偶儿媳诉公公，要求分割土地承包经营权，法院驳回了当事人的起诉，因为该纠纷不属于土地承包经营权纠纷，承包地存在地理位置、交通、肥力、水利等诸多因素，法院也不便于处理。③ 在某案中，丧偶的妇女起诉丈夫的兄弟姐妹，要求分割承包地，经过一审、二审、再审，经过审判委员会讨论决定，法院裁判不分割承包地。④

一些法院基于实际情况，对农户其他成员分割土地承包经营权的请求予以支持。第一种类型是进行地块的分割。如在某案中，公公婆婆诉儿媳和孙子，要求分割土地承包经营权，法院裁判 6 块承包地和 1 块林地（2.3 亩）归何某 1、马某；5 块承包地和 1 块林地（1.2 亩）归袁某、何某 3；对于未登记的田地 4.65 亩不予处理。第二种类型是进行份额的分割。据承包时的人口分割，还是根据现有的人口分割，法院的裁判并不统一。如某案中，父母和五个子女诉另外一个子女，要求返还承包地，要求分割承包地，法院根据现有的承包户人数，判决每人享有 1/9 的份额。⑤ 在某案中，父母去世，兄弟姐妹及其子女分割土地承包经营权，法院认定原承包人因死亡剩余 5 人，因结婚或出生新增承包人 7 人，裁判每人对土地承包经营

① 参见贵州省高级人民法院（2018）黔民申 383 号民事裁定书。

② 参见重庆市第三中级人民法院（2016）渝 03 民终 2001 号民事判决书。

③ 参见浙江省衢州市中级人民法院（2013）浙衢民终字第 231 号民事裁定书。

④ 参见内蒙古自治区巴彦淖尔市中级人民法院（2013）巴民再终字第 13 号民事判决书。

⑤ 参见河北省石家庄市中级人民法院（2017）冀 01 民终 361 号民事判决书。

权，享有1/12的份额。① 在母亲、女儿、孙女诉儿媳，要求分割土地征收补偿款一案中，一审法院将承包合同签订后出生的郭某，也作为承包经营户的成员，参与土地征收补偿款的分配；二审法院坚持“增人不增地，减人不减地”的原则，否认了新增人口的分配请求权。②

二、农户成员分割土地承包经营权的行政裁判

农户成员为了分割土地承包经营权，在民事诉讼不能实现时，就寻求政府救济。政府对土地承包经营权分割不作出决定，或者作出的决定不适当时，农户成员就提起行政诉讼。然而，根据中国裁判文书网的搜索结果，支持行政诉讼救济的案件较少。很多农户成员通过上访等其他法律途径，为自身的土地权益不断抗争。

（一）不支持农户成员分割土地承包经营权的行政裁判

不支持夫妻离婚分割土地承包经营权的行政裁判比较多。第一种类型是以民事纠纷为由不支持。在不履行土地行政管理职责一案中，离婚女起诉政府，要求分割丈夫家的承包地，要求政府履行土地管理的职责；法院裁判不予处理，其理由是土地承包经营权分割，不是政府的法定职责，可以通过民事诉讼予以解决。③ 第二种类型是以土地权属明确为由不支持。如在撤销乡政府土地行政确认一案中，离婚女及其儿子、儿媳主张分割承包地，政府予以处理，而男方不服，提起行政诉讼。法院撤销了政府的土地确权决定，裁判理由是土地承包经营权分割不属于行政争议，因为离婚后作为承包方的农户没有改变，承包地范围并未发生变化，承包地权属是明确的。④ 第三种类型是以应当先与村集体签订承包合同为由不支持。如在请求区政府确认土地承包经营权一案中，离婚女在民事诉讼无法救济后，起诉政府，要求分割承包地，案件经过一审、二审、再审（最高人民

---

① 参见贵州省安顺市中级人民法院（2015）安市民终字第785号民事判决书。
② 参见河北省张家口市中级人民法院（2017）冀07民终241号民事判决书。
③ 参加江苏省南通市中级人民法院（2015）通中行终字第00033号行政裁定书。
④ 参见河南省新乡市中级人民法院（2014）新中行终字第103号行政判决书。

法院)，裁判认定政府没有分割承包地的法定职责，强调应当由村集体或村民委员先处理，当事人应当先与村集体签订承包合同，否则政府没有法定的职责。①

不支持父子之间、兄弟姐妹之间分割土地承包经营权的行政裁判也比较多。第一种类型是以乡镇政府只有调解职责为由不支持。如在苏某与大王庄镇人民政府履行法定职责案中，因婚姻关系解除，继父子关系解除，原继子女要求政府确认原继父为户主的承包地的具体归属，法院驳回了当事人的起诉，其理由是乡镇政府只有调解土地承包经营纠纷的职责，而不能确权。② 第二种类型是以村集体经济组织自治为由不支持。如在刘某与徐州市铜山区人民政府不履行法定职责案中，姐姐起诉政府，要求分割弟弟作为户主的承包地。法院裁判驳回起诉，理由是土地承包合同的变更，属于集体经济组织自治的范畴，国家机关不得干涉，不得强制其设立、变更或解除土地承包合同。③

（二）支持农户成员分割土地承包经营权的行政裁判

承包地分割支持的行政裁判相对比较少，裁判类型主要包括三种：第一种是政府不处理，法院裁判政府应当处理。如在苏某诉小康营乡政府履行法定职责案中，外嫁女苏某回娘家主张承包地被他人侵占，向小康营乡政府提出处理的请求，要求土地确权，乡政府拒绝处理，法院裁判乡政府应当依法处理。④ 第二种是政府处理适当，法院裁判维持政府作出的决定。如王某诉太和县政府等不履行法定职责案中，出嫁女王某向政府主张土地承包经营权 3.3 亩，该承包地 1994 年分给她和她父亲，她父亲已经去世。太和县政府将涉案 3.3 亩承包地中的 1.83 亩确认给王某，并为其颁发了权属证书。王某不服太和县政府的行为，主张承包户两人，一人去世，剩余

① 参见最高人民法院（2017）最高法行申 5973 号行政裁定书、重庆市高级人民法院（2017）渝行终 11 号行政判决书。

② 参见山东省莱芜市中级人民法院（2015）莱中行终字第 16 号行政判决书。

③ 参见江苏省高级人民法院（2017）苏行终 245 号行政裁定书。

④ 参见兰州铁路运输中级法院（2016）甘 71 行终 124 号行政裁定书。

一人应继续承包全部土地。法院对此不予支持，维持县政府的决定。① 第三种是政府处理不当，法院裁判政府应当重新作出决定。在徐某诉某乡镇政府撤销行政处理决定一案中，离婚女徐某要求确认其经济合作社的社员资格，要求从前夫所在户中分离出，单独立户，参与集体土地收益分配，乡镇政府作出的行政处理决定书否认了其主张。离婚女徐某起诉乡镇政府，要求撤销该决定。法院以事实不清为由，撤销乡镇政府作出的行政处理决定书，责令其重新作出处理决定。②

三、农户成员分割土地承包经营权司法裁判的法政治学解读

对于农户成员分割土地承包经营权司法裁判的现状，可采取法政治学的路径，从国家性质、国家治理、国家权力、协商民主等视角，进行合理的解读。政治是指有关国家权力的制度化结构，以及个人和团体参与国家活动的种种现象。③ 政治力量决定产权的具体安排形式，同时产权也需要国家强有力的保护。④ 法政治学是以法律与政治的内在联系为基础，以具有政治与法律双重属性的社会现象作为研究对象的一门交叉学科。⑤ 农村承包经营户制度是典型的民事制度，主要在法律规范的框架下进行解释。然而，任何理论都具有相对性，任何视角都有理论的盲区。从法政治学的角度，探讨农村承包经营户制度的政治属性，探究土地承包经营权分割司法裁判中的政治观念，具有重大的理论和实践价值。

（一）土地承包经营权分割司法裁判中的社会主义观念

联产承包责任制产生之初，主流学者就从社会主义合作经济的角度予以阐释。联产承包责任制的出现，是马克思主义农业合作化理论在我国实

---

① 参见安徽省高级人民法院（2018）皖行终151号行政判决书。

② 参见广东省广州市中级人民法院（2014）穗中法行终字第547号行政判决书。

③ 参见吴志华、郝宇青：《政治学概论》，中国人民大学出版社2013年版，第18页。

④ 参见刘承韪：《产权与政治：中国农村土地制度变迁研究》，法律出版社2012年版，第15~16页。

⑤ 参见卓泽渊：《法政治学研究》（第三版），法律出版社2018年版，第1页。

践的新发展。[①] 家庭联产承包责任制是建立在土地等主要生产资料公有制基础上的，家庭经营只不过是合作经济中的一个经营层次，兼顾了国家、集体和个人利益，贯彻了按劳分配原则。[②] 家庭联产承包制，是在社会主义合作经济条件下，对“农业活动适宜于家庭经营”的“再发现”。[③]《民法通则》的颁布，是社会主义商品经济发展的总结，标志着具有中国特色的社会主义民法体系的确立。[④]《民法典》的起草者认为，以家庭承包经营为基础、统分结合的双层经营体制，是农村集体经济主要和有效的实现形式。[⑤] 土地家庭承包经营是农村集体经营制度的核心，保护农户的土地承包经营权是民法的重要任务。[⑥] 从历史沿革看，以农村承包经营户为基础的集体经济，属于公有制经济，而不是私有经济。家庭承包经营是社会主义基本经济制度的重要组成部分，因此法院在审理土地承包经营权分割纠纷时比较慎重。法院之所以作出不支持分割的司法裁判，因为这一问题不仅是法律问题，而且是政治问题。目前的政策和法律，更多强调家庭的主体地位，强调家庭承包经营为基础。如果法院裁判支持农户成员分割土地承包经营权的请求，就可能形成个体作为土地承包经营权主体的事实。在土地承包经营权分割没有明确法律规定的情况下，司法裁判往往比较保守。

---

① 参见陈昌鑫：《联产承包制的实行是农村生产关系调整的重大突破》，载《四川师院学报》1983 年第 3 期。

② 参见朱元珍：《家庭联产承包责任制是社会主义合作经济的新发展》，载《北京师范大学学报》1985 年第 1 期。

③ 参见周其仁：《家庭经营的再发现——论联产承包制引起的农业经营组织形式的变革》，载《中国社会科学》1985 年第 2 期。

④ 参见佟柔：《十一届三中全会与民法的地位》，载《中国人民大学学报》1988 年第 6 期。

⑤ 参见黄薇主编：《中华人民共和国民法典总则编释义》，法律出版社 2020 年版，第 148 页。

⑥ 贾东明：《〈中华人民共和国民法总则〉解释与适用》，人民法院出版社 2017 年版，第 123 页。

（二）土地承包经营权分割司法裁判中的国家治理观念

自古以来，我国实行同居共产，家长对内统领家属，管理家庭事务，对外代表家庭，申报户口，缴纳赋税等。因此，家庭具有双重身份，一是私法的民事主体，二是公法的管理单位。国家的管理权和家长的管理权，共同构成了社会治理的两个支撑，国家通过管理家长，实现对家庭成员的管理。改革开放以来，我国集体土地采取家庭承包的方式，一方面是把农户作为土地承包经营权的主体，另一方面是将农户作为国家治理农村的基本单位。基于传统观念的影响，农户成员土地承包经营权的分割，属于家庭自治的范围。因此，如果农户成员达成了分割协议，而该分割协议不存在意表示的瑕疵，不违反法律、行政法规中的强制性规定，法院就认可该分割协议的效力。① 农户成员达不成分割协议的，法院并不裁判予以分割。② 一些地方立法就采取了该处理路径。如《重庆市实施〈中华人民共和国农村土地承包法〉办法》第24条等。随着国家治理体系和治理能力现代化的推进，随着家长与家庭成员平等观念的强化，笔者建议法院可在农户成员无法形成土地承包经营权分割协议时，受理并妥当处理此类纠纷。

（三）土地承包经营权分割司法裁判中的国家权力观念

法院裁判案件，往往会在国家权力配置的框架下，寻求符合法院实际

① 参见浙江省淮安市中级人民法院（2021）苏08民终1307号民事判决书、贵州省黔南布依族苗族自治州（2016）黔23民终1209号民事判决书、吉林省松原市中级人民法院（2020）吉07民终1241号民事判决书、湖北省宜昌市中级人民法院（2017）鄂05民终791号民事判决书等。需要指出的是，也有法院认为土地承包经营权分割协议与法律抵触而无效，因为土地承包经营权的分割应当由政府或集体经济组织处理。参见江西省上饶市中级人民法院（2018）赣11民终453号民事判决书、安徽省蚌埠市龙子湖区人民法院（2020）皖0321民初6941号民事判决书等。

② 参见贵州省铜仁市中级人民法院（2017）黔06民终1631号民事判决书、重庆市第一中级人民法院（2016）渝01民终4500号民事判决书、山西省晋中市中级人民法院（2021）晋07民终2824号民事判决书、陕西省咸阳市中级人民法院（2018）陕04民终1075号民事判决书等。

情况的解释。如果承包地没有登记，法院很难作出具体地块的分割。承包地有优劣之分，存在地理位置、交通、肥力、水利等诸多因素，法院不便裁判实物分割。土地承包经营权分割纠纷，大都是基层法院处理。现代法律制度基本都是建立在城市生活基础之上，即使是基层法院的法官，也普遍缺乏对农村事务处理的经验和能力。相对而言，乡镇政府直接管理农村事务，特别是直接管理农村土地事务，具有丰富的实践经验。土地承包经营权分割纠纷中，对于具体事实认定问题，很多需要村干部的工作配合。乡镇政府与村干部之间具有千丝万缕的联系，对村干部具有有形和无形的重大影响力。基层法院的法官处理的都是个案，对村干部的影响力也是有限的。村干部、村委会的协调，是一种具体隐形的权力，对于纠纷解决往往发挥至关重要的作用。因此，在民事诉讼中，一些法院往往从法律技术上论证，农户成员分割土地承包经营权纠纷不属于民事纠纷的范畴。① 然而，在行政诉讼中，法院又可能以属于民事纠纷为由，同样不支持农户成员分割土地承包经营权的请求。②

（四）土地承包经营权分割司法裁判中的协商民主观念

在中国裁判文书网查询的案例中，很多支持了离婚女分割土地承包经营权的请求，支持外嫁女、丧偶女的也占到相当一部分，而支持父母子女分割或兄弟分割土地承包经营权的案例非常少。妇女主张分割土地承包经营权获得支持的比例较高，这说明司法裁判者已经形成并践行男女平等观

---

① 参见江苏省高级人民法院（2014）苏审三民申字第01053号民事裁定书、贵州省高级人民法院（2018）黔民申383号民事裁定书、河南省高级人民法院（2020）豫16民再111号民事裁定书、甘肃省定西市中级人民法院（2018）甘11民终166号民事裁定书、河北省邯郸市中级人民法院（2015）邯市民四终字第00206号民事裁定书等。

② 参见最高人民法院（2017）最高法行申5973号行政裁定书、江苏省高级人民法院（2017）苏行终245号行政裁定书、河南省新乡市中级人民法院（2014）新中行终字第103号行政判决书、江苏省南通市中级人民法院（2015）通中行终字第00033号行政裁定书、山东省莱芜市中级人民法院（2015）莱中行终字第16号行政判决书等。

念。我国农村妇女为自己的土地承包权益，通过民事诉讼和行政诉讼等法律途径不断抗争。当法律途径无法实现时，我国农村妇女又通过妇联、上访等途径，要求政府解决土地承包经营权的问题。妇联、人大代表和政协代表中的妇女代表等，在维护妇女权益方面，也发挥着重大的作用。司法裁判者亦有引用《妇女权益保障法》第33条和《农村土地承包法》第6条等关于妇女权益保护的规定，支持妇女分割土地承包经营权的请求。

而对于父母与子女之间或兄弟之间分割土地承包经营权的诉讼请求，法院往往予以驳回。基于父母子女同居的法律文化，不管是父母起诉要求分家，还是成年子女起诉要求分家，均得不到民众的支持。兄弟分家同样面临类似问题，按照传统观念兄弟分家，要有家长参与或其他长辈亲属的参与。传统的兄弟分家不是简单的财产关系，往往也包括与父母的赡养等法律关系。《老年人权益保护法》等也没有明确规定，这一定程度上为司法者不支持分割提供了说理的依据。

四、农户成员分割土地承包经营权司法裁判的法政策学考量

法律不仅仅是规则，更是法院解决问题的依据。推动社会发展的，不仅仅是立法的力量，还包括司法的力量。司法要积极参与国家治理，将社会发展的需求，融入法律的解释适用中。对同一法律问题，存在不同的解释方案，应当选择有利于推动改革的方案。基于农户成员职业分化和农户成员固化的发展趋势，法院更多支持农户成员分割土地承包经营权的请求，发挥了司法裁判的社会指引功能。

（一）司法裁判要回应农户成员职业分化的趋势

农户“承包”色彩逐步强化，“经营”色彩逐步弱化，超过30%的农户只“承包”，不“经营”。① 作为身份化的“农民”概念逐步丧失了现实意义，职业化的“农民”概念逐步形成。2018年中央一号文件《关于实

① 黄薇主编：《中华人民共和国农村土地承包法释义》，法律出版社2019年版，第339页。

施乡村振兴战略的意见》提出，要全面建立职业农民制度。这些改革政策促使对法律文本中的“农民”概念进行新的解释。对我国《宪法》文本中“农民”的解释，不能拘泥于文义，要进行历史解释、目的解释和体系解释等。两次出现“农民”的宪法条款，两次出现“工农联盟”的宪法条款，均是在1982年《宪法》制定时规定的，至今没有作出修改。1982年《宪法》制定后，通过五次修正案，发生了诸多重大的变化。因此，《宪法》文本中的“农民”，必须与时俱进解释。结合修改后《宪法》文本中的土地使用权可以转让条款和社会主义市场经济条款，以及国家尊重和保护人权条款和保护公民私有财产权条款，“农民”的最初含义悄悄发生改变。特别是2018年的《宪法修正案》，增加了社会主义核心价值观，从理念层面确认了“农民”应当享有的各项权利。社会主义核心价值观中的“平等、自由、公正”，具有丰富的内涵。据此，根据中央改革政策，社会主义市场经济条款和社会主义核心价值观条款，可以重塑《宪法》文本中“农民”的涵义，为“新型职业化农民”概念提供合宪的基础。

与新型职业化农民相伴生的，就是农户成员的职业分化。有的农户成员转化为新型职业化农民，有的农户成员转化为城市的劳动力。据统计，2020年全国农民工总量28560万人，其中外出农民工16959万人，本地农民工11601万人。① 农村承包经营户的成员，并不都是共同经营、共同劳动，因此利益一致性被打破。《民法典》第56条第2款已经认可了农村承包经营户的部分成员经营承包地、其他成员不实际经营的现实，并对农村承包经营户的债务承担作出了具体的规定。不实际参与经营的农村承包经营户成员，仍然享有承包地的权益，因各种各样的原因会向法院提出分割土地承包经营权的诉讼请求。

从政策变迁看，农村承包经营户是为了摆脱计划经济体制的弊端而自发形成的制度。1986年《民法通则》规定农村承包经营户，是以有计划的

① 参见《国家统计局：2020年全国农民工总量28560万人比上年减少517万人》，载新浪财经网 https://finance.sina.com.cn/china/2021-04-30/doc-ikmxzfmk9901598.shtml，访问时间：2021年9月10日。

商品经济为背景。1993年的《宪法修正案》已经将“国家在社会主义公有制基础上实行计划经济”，修改为“国家实行社会主义市场经济”。在市场在资源配置中起决定性作用的改革目标驱动下，农村承包经营户的制度内涵逐步发生了变化。2018年修改后的《农村土地承包法》第27条明确规定，不得以退出土地承包经营权作为农户进城落户的条件。农村承包经营户不再以农村户籍或农村居住为要素，将会产生一系列的体系效应。2021年中央一号文件明确指出，要实施家庭农场培育计划，把农业规模经营户培育成有活力的家庭农场。家庭农场是市场化的主体，具有旺盛的生命力。在此背景下，农户成员的职业分化越来越明显，农户成员之间的利益分化会越来越突出，这导致分割土地承包经营权的诉求越来越多。

（二）司法裁判要回应享有土地承包权益的农户成员相对固化的趋势

在赋予农民更多财产权利的政策指引下，农民与集体之间的关系发生了制度渐进式变迁，合同关系日益淡化，成员权关系日益强化。《民法典》第261条第1款规定：“农民集体所有的土地，属于本集体成员集体所有。”从解释论的角度，该条款可以解释出成员权的概念。为落实稳定农村土地承包关系并保持长久不变的政策目标，土地承包经营权的概念，已经无法准确表达农民所享有的土地权益。有学者主张，要采用成员权的概念，实行农村土地股份制改革，因为这与社会主义国家意识形态相契合，使农民可能成为土地的真正主人，拥有真正的地权。① 按照传统集体经济组织理论，集体成员是不确定，可以基于婚姻、出生等原因获得成员身份。2016年《中共中央、国务院关于稳步推进农村集体产权制度改革的意见》指出，要有序推进经营性资产股份合作制改革，确认农村集体经济组织成员身份，保障农民集体资产股份权利。农村土地产权改革强化了集体经济组织的成员权，导致集体经济组织成员固化的趋势越来越明显。

农村承包经营户的成员，并不因出嫁或离婚而丧失土地承包权益。新

① 参见刘云生：《农村土地股权制改革：现实表达与法律应对》，中国法制出版社2016年版，第112页。

增的农户成员，并不当然取得土地承包权益。按照农村家庭人员变化调整承包地，不利于保持土地承包关系稳定。增人不增地，减人不减地，已经成为中央政策的选择。《农业农村部对李叶红代表意见建议的答复》（农办议〔2021〕2号）中指出，对确因缺地导致生活贫困的农民，国家应当将其纳入农村最低生活保障和贫困救助体系，并帮助转移就业。按照传统的理解，农户的成员当然是农村承包经营户的成员，当然享有土地承包权益。然而，随着改革的推进，享有土地承包权益的农户成员出现了固化的趋势，新增人口并不享有土地承包权益。从法律的逻辑空间看，新增人口可以通过继承等方式，继受取得土地承包权益。司法裁判的导向应当是以承包时的人口为基数，将土地承包经营权量化为农户成员，更多支持农户成员分割土地承包经营权的请求。这样可以为农户成员带地进城创造条件，有利于促进城乡要素流转，促进城乡一体化发展。

五、农户成员分割土地承包经营权司法裁判的法解释学分析

从法律解释学的角度，不管将土地承包经营权主体界定为农户还是农户成员，不管对“增人不增地，减人不减地”如何理解，均不影响农户成员要求分割的权利。《土地管理法》第14条赋予乡镇政府处理土地承包经营权纠纷的权力，并不否认法院对土地承包经营权分割纠纷进行司法裁判的权力。

（一）土地承包经营权主体的法律争议

1. 土地承包经营权主体是农户，还是农户成员

很多司法裁判不支持农户成员分割土地承包经营权的重要理由是，农户是土地承包经营权的主体，法律依据是《农村土地承包法》第16条第1款。此外，《宪法》第8条、《民法典》第206条、《农村土地承包法》第1条等均规定了“家庭承包经营为基础、统分结合的双层经营体制”，均强调“家庭承包”。

学术界对土地承包经营权的主体认识不一致。1986年《民法通则》颁布后，学者对承包经营权主体发生了激烈的争论。公民说认为，农村承包

经营户是从属于公民的民事主体，扩大了公民的民事权利能力，是公民作为民事主体的特殊形式，即作为商品生产、经营主体的一种形式。① 农户说认为，农户是独立的权利主体，现行立法强化土地承包经营权户的整体性、组织性，排斥农户成员的自主性、独立性。② 农户成员共有说认为，家庭成员对家庭承包经营权是按份共有或者准按份共有。③《民法典》颁布前后，学者仍然存在不同的解读。农户说认为，应当用“农户”概念替代“农村承包经营户”，将其归入非法人组织。④ 形式主体说认为，农村承包经营户只是形式上的民事主体，农户成员是实际主体。⑤ 个人和合伙说认为，农村承包经营户如果是一人，就是自然人；如果两个人以上，就是合伙。⑥ 物权归属主体说认为，农村承包经营户是纯粹的物权归属主体，不必然包括家庭共同生产经营的内涵。⑦ 本文认为，不管是将农户还是农户成员，作为土地承包经营权主体，均不影响农户成员要求分割的权利。

将农户作为土地承包经营权主体，不影响农户成员要求分割的权利。家庭在中国历史上长期作为民事主体存在，与之相对应的是分家制度，而不是继承制度。农户作为土地承包经营权主体，某种程度上是家庭作为民事主体地位的历史回归。与户相配套的一系列制度是立户、分户、合户、绝户等概念群。如果将土地承包经营权主体界定为农户，基于分家的传统思想，农户成员要求分割土地承包经营权，也应当予以支持。分割后的土

---

① 参见杨振山：《论“两户一伙”的法律性质》，载《政法论坛》1987年第6期。

② 参见达华、亮海：《农户的法律地位初探》，载《探索》1986年第2期。

③ 参见江平：《共同经营体法律地位初探》，载《中国法学》1986年第1期。

④ 参见肖鹏：《论农业经营主体制度的构建——以〈民法总则〉为视角》，载《首都师范大学学报（社会科学版）》2017年第5期。

⑤ 参见邹海林：《民法总则》，法律出版社2018年版，第106页。

⑥ 参见王利明：《中华人民共和国民法总则详解》（上册），中国法制出版社2017年版，第235页。

⑦ 参见李永军：《中华人民共和国民法总则精释与适用》，中国民主法制出版社2017年版，第83页。

地承包经营权，仍然以户作为权利主体，只是户的规模发生了变化。《农村土地承包法》对分户没有规定，但辽宁、浙江、四川等十几个省份，通过地方立法规定了土地承包经营权的分户问题。如《四川省实施〈中华人民共和国农村土地承包法〉办法》第14条规定："承包期内，承包方家庭内部成员分户需要对承包地分割经营的，应当自行协商决定，并依法办理有关手续。"遗憾的是，这些地方立法并没有对农户成员因婚姻关系、家庭关系等变化，对承包地分割协商不成时如何处理，作出进一步明确的规定。

本文认为，从法律上看，有两条解释的路径。第一条路径是仍然将农户作为土地承包经营权的主体。按照这一种思路，要对农户概念进行合理解释。分割土地承包经营权，就是分户。分割后的土地承包经营权主体，仍然是农户。第二条路径是将农户作为土地承包经营权的形式主体，实质主体是农户成员。按照这种思路，土地承包经营权是农户成员共有的。法院可以根据《民法典》第303条共有物分割之规定，支持土地承包经营权的分割。从具体操作看，农户成员可以根据自愿达成的分割协议或法院的判决书，向登记机关申请变更登记。第一条路径最容易被司法者采纳，因为仍然维持农户的主体地位。第二条路径更符合民法的体系解释，应当逐渐成为主流。基于渐进式社会变革的路径依赖，在较长时期内，对于土地承包经营权，农户主体和农户成员主体是共存的。这需要更为科学地解释"双层经营体制新的内涵"，需要进一步肯定家庭农场是农村承包经营户升级版的时代新命题。基于渐进式社会变革的路径依赖，在较长时期内，农户主体和农户成员主体是共存的，且农户主体仍然占主流。受制于传统文化和家庭观念等多种因素的考量，农户成员请求分割土地承包经营权的纠纷数量毕竟是少数。

本文更倾向于认为，农户是土地承包经营权的形式主体，实质主体上是农户成员。这种解释的法律依据是《农村土地承包法》第5条第1款和第16条第2款。这种解释更符合现代财产法的基本理念，也符合集体经济组织或村委会按照农户成员的多少发包土地的基本事实。基于此，《民法典》采用的是具有更大包容性的"土地承包经营权人"的概念，而没有明确将农户作为土地承包经营权的主体。集体是以户为单位、按户内人数多少发包土地，据此农户成员之间是按份共有的法律关系。然而，基于家庭成员之间的关系，将农户成员对承包地界定为共同共有关系更为合适。随着人人平等观念的深入，随着个人权利意识的提高，夫妻之间、父母子女之间、兄弟姐妹之间、其他家庭成员之间，难免因土地承包经营权的行使，发生激烈的利益冲突。农户成员是共有的法律关系，是按份共有还是共同共有，存在较大的争议。根据《民法典》第308条，共有人之间具有家庭关系，对共有的性质发生争议，推定为共同共有。根据《民法典》第303条，在家庭共同生活基础丧失或有重大理由时，农户成员要求分割土地承包经营权的，应当予以支持。共同共有的分割，考虑家庭财产的贡献和家庭成员的具体情况。就土地承包经营权分割而言，农户成员之间原则上还是平均分割，除非有需要特别照顾的家庭成员。毕竟土地承包经营权的原始取得，不是采取市场化模式。

2. 土地承包经营权主体是确定的，还是可变的

第一轮土地承包和第二轮土地承包，均是按照当时农户成员人口的多少，进行承包地的分配。土地承包经营权主体确定论，主张土地承包经营权可以继承，新增人员不享有土地承包权益。政策依据是中央提出的“增人不增地，减人不减地”政策。法律依据是《农村土地承包法》第27条、第28条的规定，强调发包方在承包期内原则不得调整土地。土地承包经营权主体可变论，主张土地承包经营权不可以继承，新增人员享有土地承包权益。政策依据是中央提出的“保障集体经济组织成员权利”的政策。法律依据是《农村土地承包法》第3条和第16条的规定，强调集体经济组织成员有承包权，农户是土地承包经营权的主体。

本文认为，不管土地承包经营权主体是确定的还是可变的，均不影响农户成员要求分割的权利。如果法院认为土地承包经营权主体是确定的，当事人可以基于承包关系，或基于继承关系，主张土地承包经营权。如果法院认为土地承包经营权主体是不确定的，当事人可以基于农户成员的身份，主张土地承包经营权。不管法院采取哪种观点，都要受理土地承包经

营权分割纠纷。从法律解释的角度看，土地承包经营权主体是确定的，更为科学。集体土地发包后，土地承包经营权的实际主体就确定了。集体土地没有再次发包，土地承包经营权的实际主体就不发生变动。至于新增家庭成员的权益保护，可以通过《婚姻法》予以解决。已经去世的家庭成员土地权益，可以通过《继承法》予以解决。土地承包经营权主体是确定的，不随农户人口的变动而变动，分割问题就相对更为简单。当然，法院面临的困境是，土地承包经营权往往只登记户主的名字，农户成员的名字往往不予登记。正是在此意义上，有学者认为，不登记农村妇女名字的落后制度设计，严重阻碍了农村妇女对自由婚姻和幸福生活的追求，使其依仗于父亲、兄长或丈夫。① 2018 年修改后的《农村土地承包法》第 24 条第 2 款明确规定，不动产权证应当将土地承包经营权的全部成员列入。据此，立法者越来越强调农户成员个体的土地权益，越来越倾向于支持农户成员分割土地承包经营权的请求。

（二）政府处理土地承包经营纠纷权限的法律争议

1. 乡级人民政府或县级人民政府处理土地使用权争议的解释

《土地管理法》第 14 条第 2 款规定了乡级人民政府或县级人民政府处理土地使用权争议的职责。从体系解释看，《土地管理法》第 13 条规定了集体土地或国有土地的土地承包经营权，因此该法第 14 条第 2 款中的“土地使用权”包括土地承包经营权。从目的解释看，土地使用权争议是两个或多个民事主体对同一土地主张同一性质的土地使用权，导致产权不清晰。农户成员因土地承包经营权分割产生的纠纷，从法律解释的空间看，可以作为土地使用权争议。从纠纷实质看，土地承包经营权分割更多是离婚纠纷或分家析产纠纷，而这恰是法院受理民事案件的范围。本文认为，为避免推卸责任，乡级人民政府或县级人民政府有权处理土地承包经营权分割纠纷。政府拒绝处理或者处理不当，当事人可以提起行政诉讼。为切

---

① 参见王竹青、王金凤：《〈婚姻法〉及其司法解释对农村婚姻家庭的影响》，载《河北学刊》2014 年第 2 期。

实保护当事人合法权益，法院也应当按照民事纠纷直接受理土地承包经营权分割纠纷。从长远发展看，应当改变乡镇政府处理和法院民事裁判二元模式，统一按照民事纠纷，由民庭予以处理，确保裁判结果的统一。从司法实践看，在共有物分割纠纷、离婚纠纷、土地承包经营权确认纠纷、分家析产纠纷等民事案例中，越来越多的法院支持农户成员请求分割土地承包经营权的权利。

2. 乡镇人民政府调解土地承包经营纠纷的解释

《农村土地承包法》第55条第1款规定了乡镇人民政府调解土地承包经营纠纷的职责。有法院据此认为，《农村土地承包法》与《土地管理法》是特别法与一般法的关系，《农村土地承包法》第55条第1款应当优先适用，乡镇人民政府只有调解土地承包经营纠纷的权力，而无权作出相应决定的权力。本文认为，乡镇人民政府不仅有调解土地承包经营分割纠纷的权力，而且还有作出相应决定的权力。不能简单依据特别法与一般法的关系，否认乡镇政府对土地承包经营权分割纠纷裁决的权力。《农村土地承包法》第55条第1款中的“因土地承包经营发生纠纷”，需要目的性解读，需要体系性解读。该法第二章规定的是“家庭承包”，第三章规定的“其他方式的承包”，因此第55条第1款中的“土地承包经营发生纠纷”是指发包方与承包方的纠纷，并不包括土地承包经营权分割纠纷。土地承包经营权分割纠纷如何处理，属于《农村土地承包法》法律漏洞，要适用《土地管理法》第14条第2款，或者适用《民法典》“共有”相关规定。即便认为《农村土地承包法》第55条第1款中的“因土地承包经营发生纠纷”包括土地承包经营权分割纠纷，那么该条也只是明确了乡镇政府的调解权力，也没有否认作出其决定的权力。从长远看，土地承包经营权分割纠纷，更多属于共有物的分割纠纷，要逐步淡化纠纷解决中的行政权，强化司法权的纠纷解决功能。

六、结语

六十年或更长时间的承包期，涉及两代或多代人的权益，结婚、离婚、分家、死亡、职业选择等原因分割土地承包经营权，成为不可避免的社会需求。从《农村土地承包法》第16条等相关法律的解释看，农户成员有权请求分割土地承包经营权。然而，大部分民事裁判以应当政府处理为由，不支持农户成员分割的请求。大部分行政裁判以属于民事纠纷为由，同样不支持农户成员分割的请求。支持分割的司法裁判，多集中在离婚女等妇女主张的情形。对于父母子女之间或兄弟姐妹之间要求分割的，绝大多数司法裁判不予支持。要在中国特色社会主义观念变迁中，在中国特色国家治理模式演变中，在中国特色国家权力架构中，在中国特色协商民主发展的进程中，解读农户成员分割土地承包经营权的司法裁判。为了回应农户成员职业分化的趋势，也为了回应享有土地承包权益的农户成员相对固化的趋势，司法政策要更多支持农户成员分割土地承包经营权的请求。以承包时的人口为基数，将土地承包经营权量化为农户成员，相对更为合理。这样可以允许土地承包经营权因结婚、离婚、分家、死亡、职业改变等原因进行分割。对于分割的方法，要更多鼓励价值分割，尽量不进行实物分割。由于土地承包经营权还没有完全市场化流转，其价值目前难以评估，因此法院在裁判中只确定具体的份额，而不确定具体地块，是一种比较现实的选择。立法应当适时确立承包地最小地块制度，避免承包地因实物分割而产生的更加碎片化问题。

（本文仅代表作者个人观点）

二手房买卖合同纠纷中几类“难办案子”的处理

睢晓鹏*

苏力教授曾将“事实清楚却没有明确的法律可以适用，或适用的结果不合情理甚或有悖‘天理’（所谓自然法）”的案子称为“难办案子”。① 这类案件有别于案情复杂、事实不清的“疑难案件”或影响巨大的“重大案件”，但法官却因规范的缺乏而面临艰难抉择。苏力教授提出的“难办案子”无疑是精辟且有实践意义的。不过，本文并不试图讨论规范阙如的“难办案子”，而是欲借用这一概念，以司法者立场，在以下语境中使用：一是难在“找法”的案件；二是难在“恰当解释”的案件；三是苏力教授所说的“没有明确的法律规范可以适用，或适用的结果不合情理甚或有悖‘天理’”的案件。本文拟以二手房交易中的几类“难办案子”为样本，试图展示司法者辗转困惑又充满思辨的裁判之旅。

---

* 浙江省杭州市中级人民法院民五庭法官。

① 苏力：《法条主义、民意与难办案件》，载《中外法学》2009年第1期。

一、“找法”型“难办案子”

“找法”型“难办案子”中案件所呈现的事实并非法律规则惯常适用的类型，或者所应适用的为新生的法律规则，若“找法”不准确，则不能利用法律的逻辑作出恰如其分的说理。因此，对这类“难办案子”，探求法律依据是一项重要的工作和方法。

（一）不当得利规则的适用

1. 设例①

2014 年 10 月 12 日，陈某甲、陈某乙与单某签订《杭州市房屋转让合同》，约定以 76 万元购买案涉房屋。合同签订后，单某付清房款，并办理产权登记，登记建筑面积为 45. 92 平方米。案涉房屋建成后，首次测绘的建筑面积为 45. 92 平方米，产权单位为杭州武林造纸总厂。1992 年，陈某甲之父从杭州市武林造纸总厂购得该房屋并进行产权登记，登记建筑面积为 45. 92 平方米。杭州市住房保障和房产管理局向单某出具《告知书》，告知：现经杭州市房地产测绘公司实地复测，案涉房屋建筑面积为 39. 88 平方米。后案涉房屋进行产权变更登记手续，登记建筑面积核减为 39. 88 平方米。双方因陈某甲、陈某乙是否应当返还核减面积所对应的房价款及其利息产生纠纷。

2. 不当得利的构成

不当得利，乃是指一方没有合法根据而受有利益，该受益行为导致另一方当事人受损。按照通说，不当得利的构成要件为：（1）一方受有利益；（2）致他方受损失；（3）无法律上的原因。② 一方受益，同时致他方受损，均为事实认定问题，唯对于无法律上之原因，则因给付不当得利和非给付不当得利而有不同。前者指得利人受领他人基于给付行为而移转的财产或利益，因欠缺给付目的而发生的不当得利；后者指基于给付以外的

① 参见浙江省杭州市中级人民法院（2021）浙 01 民终 3819 号民事判决书。

② 参见王泽鉴：《民法概要》，中国政法大学出版社 2003 年版，第 193 页。

事由而发生的不当得利，包括人的行为、自然事件以及法律规定。在给付不当得利中，得利人既可能自始即无受领给付的合法依据，也可能是给付时虽有法律上的原因，但嗣后该原因因其无效或被撤销等而不复存在。①

本案情形应属于给付不当得利中的给付目的嗣后不达：陈某甲、陈某乙与单某订立并履行合同之时，确定房屋价款的依据，乃是房管部门核发的有效的房屋权属证书上载明的建筑面积，故陈某甲、陈某乙受领依据该建筑面积和双方约定的单价计算的房屋价款具有合同依据。但嗣后，因房管测绘部门重新测绘，核减了房屋建筑面积，此即意味着作为双方计算房价依据的建筑面积减少，应当按照减少后的面积计算房款。因此，单某支付超出重新测绘面积的房款使陈某甲、陈某乙受有利益，而单某产生了损失，陈某甲、陈某乙之受益与单某之受损之间具有因果关系，构成嗣后目的不达的不当得利。

3. 返还的范围

《民法典》对善意不当得利和恶意不当得利异其规定。《民法典》第986条规定："得利人不知道且不应当知道取得的利益没有法律根据，取得的利益已经不存在的，不承担返还该利益的义务。"该条规制的对象为善意不当得利，得利人仅就其现存的利益负有返还义务。《民法典》第987条规定："得利人知道或者应当知道取得的利益没有法律根据的，受损失的人可以请求得利人返还其取得的利益并依法赔偿损失。"该条规制的对象是恶意的得利人，对于恶意得利人，不仅负有返还其取得的利益的义务，而且负有损失赔偿的责任。

本案中，出卖人与买受人订立合同的依据，是行政主管部门核发的房产权属证书，其具有公信的效力。故而，出卖人虽然得利，但对于其取得该利益没有法律上的依据，出卖人不知道，也不存在可认定其应当知道的情形。故而，此情形下出卖人属于善意的得利人，仅就其现存的得利负有返还义务。根据以上所述，出卖人多收取的房款，自然应当返还，无待详

---

① 参见王利明等：《民法学》，法律出版社2008年版，第466~467页。

论。不过，出卖人是否应当返还该款项的孳息，则颇有争论。金钱的法定孳息是利息，利息又可区分为存款利息和贷款利息。笔者认为，出卖人系善意不当得利，若支持买受人返还贷款利息请求，则意味着由出卖人赔偿了买受人因资金被占用的损失，与法律规定不符；但本案也无证据证实出卖人所占有款项的利息未产生或已灭失，若全部驳回买受人利息的请求，则意味着出卖人仍受有利益。考虑本案实际情形，笔者认为，将存款利息作为出卖人所受利益的法定孳息予以返还，更能衡平双方当事人的利益。

（二）通谋虚伪意思表示的适用

1. 设例①

胡某锦的法定代理人胡某欲为胡某锦购房房屋，经中间人介绍，与苏某秀口头约定向苏某秀购置案涉房屋，价款为22.8万元。为规避房产交易税，胡某以胡某锦的名义与苏某秀签订《购房合同》，约定房屋价款为13万元，同时约定签订合同时支付5万元，其余款项在产权过户完毕时一次性付清。胡某按约支付首期款项5万元后，苏某秀交付了房屋，并以13万元的价格支付了相关税费，将该房屋过户至胡某锦的名下。后苏某秀要求胡某锦支付剩余购房款17.8万元，胡某以《购房合同》约定房屋交易价格为13万元为由，不认可真实交易价格为22.8万元，为此产生纠纷。

2. 备案合同价款条款效力的认定

通谋虚伪意思表示不是我国原有的法律规则，《民法总则》第一次进行规定，《民法典》因袭之。《民法典》第146条规定："行为人与相对人以虚假的意思表示实施的民事法律行为无效。以虚假的意思表示隐藏的民事法律行为的效力，依照有关法律规定处理。"所谓通谋虚伪意思表示，亦称通谋虚伪行为，是指表意人与表示的受领人一致同意表示事项不应该发生效力，亦即双方当事人的一致同意仅仅造成了订立某项法律行为的表面假象，而实际上并不想使有关法律行为的法律效果发生。②

① 参见四川省广安市中级人民法院（2018）川16民终1711号民事判决书。

② 参见睢晓鹏：《通谋虚伪意思表示的司法规制》，载《人民司法》2014年第10期。

《民法典》第146条第2款规定了通谋虚伪意思表示中的隐藏行为处理规则，即行为人以一个民事行为掩盖另一个民事行为，被掩盖的民事行为可能违法也可能不违法，被掩盖的民事行为是依其真意欲发生法律效力的民事法律行为。如实践中亲属之间的房屋赠与行为，为了减少再次出售时所需承担的较高额的个人所得税，乃将其作成买卖合同形式。此类情形，一旦发生纠纷，应根据《民法典》第146条第2款的规定，以赠与合同的规定来确定双方之间的权利义务关系。当然，隐藏行为可能是以一种合同形式（如赠与）掩藏另一种合同形式（如买卖），但也可能以同一种合同形式掩藏另一个同类型的合同。

本案中双方即以一个虚假的交易价格（避税）掩藏一个真实的交易价格。通谋虚伪意思表示与合同法上规定的以合法形式掩盖非法目的的范围并不完全相同，如本案中被掩藏的行为并不违反法律的规定，但表面行为却因涉嫌逃税而可能违法。不过，在通谋虚伪意思表示规则的语境下，不管掩藏其他行为的表面行为是否违法，因其非当事人真实的意思表示，根据《民法典》第146条第1款的规定应认定为无效。根据以上所述，备案合同的价格条款因通谋虚伪意思表示而无效。

3. 备案合同其他条款效力的判断

备案合同其他条款效力的判断，则因其形式的不同而应有所区别。实践中，当事人为了避税而签订阴阳合同的样态可区分为两类：一是双方在签订备案合同的同时签订补充协议，约定备案合同的价款仅为备案之用，该补充协议对房屋买卖合同的其他条款不作约定；或者双方在签订备案合同的同时另签订一份条款齐备的房屋买卖合同，该买卖合同中除了价格条款与备案合同不同外，其他条款与备案合同一致。二是如本案的情形，双方在签订备案合同的同时，另签订一份房屋买卖合同，该买卖合同中，除了价格条款与备案合同不同外，其他条款与备案合同也有所区别。

对于第一种情形，因为双方除了价格条款外，对备案合同的其他条款并未作出相反的规定，《民法典》第156条规定："民事法律行为部分无效，不影响其他部分效力的，其他部分仍然有效。"因此，其他条款仍为当事人的真实意思表示，不违反法律、行政法规的强制性规定，应为合法有效。对于第二种情形，则备案合同的其他条款不能作为认定双方权利义务的依据，原因在于若采用备案合同的其他条款，则双方另行签订的《购房合同》该如何判断。若其无效，则理由为何？若其有效，则何以置之不理？事实上，因备案合同为双方当事人为避税所签订的“阳合同”，既然双方另行又签订了“阴合同”，而“阴合同”的除价格条款外还有其他条款与备案合同不一致，则当然可以推定“阳合同”整体系为避税所为的通谋虚伪意思表示，非当事人真实意思表示，故而应整体无效。备案合同仅为行政管理行为，其并不具有比“阴合同”更高的效力，故而双方的权利义务应以阴合同为依据。

综合以上所述，笔者认为在本案中，备案合同作为“阳合同”，是双方当事人为避税所作的通谋虚伪意思表示，应按照“阴合同”（即口头合同）的约定确定房屋价款。当然，双方以通谋虚伪意思表示的方式避税，是否违反税法的规定而应受处罚，或者是否构成逃税罪而应受刑事打击，系税务行政主管部门和其他行政机关应当处理的事项，非本文讨论的范围，不加赘述。

二、解释型“难办案子”

本节所讨论的“难办案子”，是规则不难确定，但如何对规则进行解释，则颇费斟酌的案件。以本部分设例所涉及的表见代理为例，这是司法者耳熟能详的法律规则，但耳熟能详并不意味着可以运用适当，表见代理规则的解释，难在如何认定“有理由相信”。① 对此，应从客观的、社会的立场出发进行解释，结合案件事实予以确定。

1. 设例②

王某霖与补某军系夫妻，案涉房屋为夫妻共同财产，登记在补某军名

① 参见葛文：《何谓“有理由相信”》，载《法律适用》2020 年第 1 期。

② 参见北京市第一中级人民法院（2018）京 01 民终 1299 号民事判决书。

下单独所有。2016 年 8 月 1 日，中原地产公司工作人员给补某军发短信称："……知道你在出差……，你看能否安排嫂子先跟客户见个面?" 后中介人员与补某军联系确定 8 月 4 日王某霖与武某见面的时间。2016 年 8 月 4 日，王某霖当着武某的面，在中介公司提供的空白格式文本上签署《配偶同意声明》《委托书》（王某霖在委托人处签署"补某军"，签署的日期为 2016 年 8 月 1 日），中介人员让王某霖回去后让补某军在《委托书》上补签名。同时，王某霖还出具《承诺书》，载明：王某霖承诺已获得产权人补某军授权办理出售手续，本人保证产权人授权或提供的授权委托书不存在任何问题。后王某霖与武某在中介公司提供的空白格式文本上签署《告知书》《房屋买卖合同》及《补充协议》。协议签订后，武某支付王某霖定金 5 万元，后又支付 20 万元。2016 年 8 月 24 日，王某霖向武某提出房屋无法出售。8 月 29 日，武某收到解除合同通知，补某军称其未授权王某霖与武某签订上述合同，不认可合同的有效性。双方因此产生纠纷。

2. 表见代理的客观要件：具备一定的权利外观

《民法典》第 172 条规定："行为人没有代理权、超越代理权或者代理权终止后，仍然实施代理行为，相对人有理由相信行为人有代理权的，代理行为有效。" 表见代理本质上是无权代理，从上述条文的规定来看，表见代理分为授权表示型、权限逾越型和权利延续型三种。授权表示型，即无权代理，但本人的行为使相对人误以为代理人有代理权；权限逾越型，即代理人超越代理权从事代理行为，但因授权范围不明使相对人误以为代理人在代理权限范围内从事代理行为；权利延续型，即代理权已经终止或者撤回，但因本人未通知相对人使相对人误以为代理人仍有代理权。不论上述哪种类型，表见代理的形成，必须系有导致相对人误认的权利外观，而该权利外观的形成系由于被代理人的原因所致，即符合归责性标准的"惹起主义"或原因主义。① 此为无权代理构成表见代理，并直接约束被代理人的客观要件。对存在上述权利外观，应由相对人承担举证责任。

---

① 参见王利明等：《民法学》，法律出版社 2008 年版，第 137 页。

本案属于授权表示型表见代理，即王某霖虽然没有代理权，其与补某军系夫妻关系，持有案涉房屋所有权证、国有土地使用证、契证、补某军的身份证，并且协商的时间、地点均系中介公司与补某军确定，故补某军的行为使武某相信王某霖具有代理权。

3. 表见代理的主观要件：相对人善意且无过错

表见代理本质上是无权代理，之所以对本人产生法律约束力，乃是法律对信赖利益的保护和交易秩序的维护。因此，表见代理所保护的对象，是善意第三人的利益，倘若相对人对代理人无代理权知情，或者因其过错而不知情，则显无保护的必要。相对人善意和无过错，不能一概而论，而应根据案件的具体情形，斟酌权利外观的形态作出不同的认定。

在夫妻间表见代理的认定中，笔者认为，应分为两个方面考察：首先，仅凭夫妻关系不能认定相对人善意地相信夫或妻一方具有代理权。本案中，武某所称信赖的权利外观，首先是王某霖与补某军系夫妻关系，两者有特殊的身份关系，王某霖在签订合同时持有案涉房屋所有权证、国有土地使用证、契证。笔者认为，大多数夫妻间无权代理的纠纷中，相对人均可以证明上述事实，但仅凭上述事实却不能认定构成表见代理，原因在于，正是基于双方之间存在夫妻关系，一方可以很容易取得房屋的权属证书，也可以很容易取得另一方的身份证，在此情况下，夫妻一方既可能是经过授权出售房屋，也可能是擅自出售房屋。更进一步，此时相对人明知房屋系夫妻共同财产，即负有核对其他权利人是否同意的谨慎义务，其未尽到该谨慎义务，则具有过错，不符合表见代理的主观要件。其次，结合其他证据材料可以认定夫妻间构成表见代理。本案中，在案证据可以证实，中介公司工作人员与补某军协商安排王某霖与武某见面协商，武某按照约定的时间前往协商地点，并在合同签订后长达四个月的时间未提出异议，足以使武某相信王某霖系经补某军授权而来，因此武某已善尽了上述谨慎义务，系善意无过错的相对人。

三、漏洞型“难办案子”

对于漏洞型“难办案子”，应运用法律漏洞填补。法律漏洞之填补，已进入法官自由裁量的阶段，虽然从理论上对漏洞填补可以作轻松的讨论，但实践中进行法律漏洞的填补，则是一件考验法官智慧和勇气的事。

（一）类推适用

1. 设例

2020年4月24日，经某中介公司居间，孙某与杜某签订《杭州市房屋转让合同》《补充协议》及《协议》，约定孙某将案涉房屋转让给杜某，房款388万元，装修款92万元。孙某于5月10日之前一次性付清房款（付至监管账户），逾期付款超过十日，孙某有权解除合同并要求杜某支付违约金77.6万元。案涉房屋上设定有抵押，孙某承诺在过户前自行结清贷款并注销抵押登记。杜某付款情况为：4月15日，支付定金10万元；5月1日，支付装修款82万元。孙某于4月27日向招商银行申请提前还款，5月12日，招商银行审批通过。5月12日、13日、14日，中介公司工作人员微信询问孙某办理抵押注销登记事宜并表明“客户这边钱要确认好时间的”，孙某回复“好的，我一会儿联系银行”“还没批”。5月17日、20日，中介公司工作人员又催促孙某归还抵押贷款、注销抵押登记，孙某未回复。5月21日，孙某发送短信，以杜某逾期付款超过十日为由要求解除合同。5月22日，杜某将388万元付至监管账户。

2. 约定解除权行使的限制

《民法典》第562条第2款规定：“当事人可以约定一方解除合同的事由。解除合同的事由发生时，解除权人可以解除合同。”将该规定与《合同法》第93条的规定进行比较，可以发现《民法典》将《合同法》中所使用的“条件”一词修正为“事由”。就笔者理解，该变动主要是立法对法律概念准确性和统一性的追求，两者实质上是在同一语义意义上使用。原因在于，《民法典》在规定约定解除权制度的同时，还规定了附条件的民事法律行为。若将附条件的民事法律行为限定为合同行为，则两者从作用领域和规范目的而言是一致的：作用的领域都是生效的合同；规范的目的都是在出现不欲合同继续存在的情形时，根据当事人的事先意愿，使合同失去效力，从而规避风险并制裁相对方。只不过，当条件成就时，附解除条件的合同自然、确定失效，而有约定解除权附款的合同是否失效，则取决于享有解除权的一方当事人是否选择解除合同。因此，《民法典》的该项改动，虽意在强调两者的区别，却恰恰说明，在合同法领域，两者实质上是一种替代性竞存的关系。①

因此，对于附解除条件民事法律行为的限制同样可以类推适用于约定解除权。《民法典》第 159 条规定："附条件的民事法律行为，当事人为自己利益……不正当地促成条件时，视为条件不成就。"若当事人一方为了自己的利益，不正当促成了约定事由的发生，则应当视为该事由未发生，解除权未成就，此为对约定解除权的限制。

3. "不正当"地促成约定事由发生的认定

"不正当"是一个不确定法律概念，具有内涵和外延的模糊性，只有在个案中才能确定其具体的含义，而在个案中确定其含义，则又须借助于民法基本原则。②《民法典》第 7 条规定："民事主体从事民事活动，应当遵循诚信原则，秉持诚实，恪守承诺。"诚信原则乃民法的帝王原则，居于民事法律规范的顶端，其一项重要任务和功能是对法律和法律行为进行解释和补充。诚信原则要求任何一方都必须诚信地进行民事活动，反对任何以损害相对方或社会公共利益的手段获取己方利益的行为。因此，在具体个案中，法院查明的事实倘若可以认定当事人以悖于诚信原则的方式促成了约定事由的发生，该行为即构成了"不正当"，但对于违反诚信原则的具体理由，法院有义务详予说明，不能语焉不详，以避免向一般规则逃逸。

本案中，合同约定孙某涤除抵押的时间系在过户之前，杜某的付款义务在孙某涤除抵押义务之前，其在履行在先义务时，要求孙某履行在后的义务，显然是对合同约定的误解。倘若该误解仅限于杜某的内心，则其应当就其误解承担责任。但在杜某通过中介公司工作人员微信联系孙某询问涤除抵押的情况并标明"客户这边钱要确认好时间的"之时，孙某已知悉

---

① 参见王长发：《合同附条件解除与约定解除权比较研究》，载《法治研究》2011 年第 9 期。

② 参见刘亚东：《民法概括条款适用的方法论》，载《政治与法律》2019 年第 12 期。

杜某陷于误解，其通过虚假陈述“我一会儿联系银行”“还没批”等内容，使杜某的误解进一步加剧，待其基于该误解延迟付款触发合同约定解除权的事由发生时，即提出解除合同，违反了诚信原则，可以认定为为自己利益不正当地促成事由发生，应视为约定解除权的事由未发生，孙某不享有解除权。

（二）限缩解释

1. 设例①

2011年6月19日，多信公司（乙方）与沈某鹏、邱某（甲方）签订《房屋租赁合同》，约定乙方承租甲方某大厦101室、201室两套物业。后因沈某鹏、邱某未按生效判决履行给付义务，案涉101室、201室房屋分别被绍兴市越城区人民法院和杭州市西湖区人民法院执行司法拍卖。绍兴市越城区人民法院在淘宝网司法拍卖网络平台上发布拍卖公告载明：101室房屋是带租赁的拍卖，租赁期限十年（2011年1月1日至2020年12月31日），租金已全部付清。杭州市西湖区人民法院在淘宝网司法拍卖网络平台上发布拍卖公告，载明：“一、多信公司享有201室房屋租赁权（租赁期限为2011年7月1日至2020年12月31日），多信公司就剩余未到期限租金向买受人支付……”后朱某峰经竞拍取得案涉房屋所有权。就朱某峰取得上述房屋所有权之日起的租金，朱某峰要求多信公司支付，多信公司认为其已向原产权人付清，为此双方产生争议。

2. 网络拍卖中拍卖公告的性质

《民法典》第473条第1款规定：“要约邀请是希望他人向自己发出要约的表示。拍卖公告、招标公告、招股说明书、债券募集办法、基金招募说明书、商业广告和宣传、寄送的价目表等为要约邀请。”从该条的文义解释来看，拍卖公告似乎应当认定为要约邀请。但是，《民法典》所规定的拍卖公告是建立在传统拍卖的基础模型之上的，并不包括司法拍卖等类型网络拍卖。依照《拍卖法》第49条、第51条的规定，传统的拍卖，在

---

① 参见浙江省杭州市中级人民法院（2020）浙01民终6364号民事判决书。

拍卖之前通过媒体发布的拍卖公告是要约邀请，拍卖师在拍卖开始前，应当宣布拍卖规则和注意事项，并且竞买人的最高应价经拍卖师落槌或者以其他公开表示买定的方式确认后，拍卖始成交。但是司法拍卖等网络拍卖方式中，并无拍卖师，拍卖规则和注意事项以拍卖公告中载明的为准，且竞买人最高应价亦无须拍卖师落槌或者以其他公开表示买定的方式确认，而是最高价当然成交。

因此，《拍卖法》所规定的传统拍卖中拍卖公告为要约邀请、举牌竞价为要约、落槌为承诺的结构在网络拍卖中不再适用。网络拍卖中载明拍卖规则和注意事项的拍卖公告，本质上是一种预先的承诺，[①] 即竞拍人愿意接受拍卖公告的条件参与竞拍，则委托人预先承诺接受竞拍人最高应价。只有如此界定，才能解释竞拍人的最高应价（要约）何以促成竞拍的自然成交。网络拍卖确实不同于传统民法理论要约和承诺的顺序，但对于新生事物发展中出现的一些突破民法传统理论的现象，应以开放的眼光对待，况且作出如此解释，也并未根本动摇要约承诺的理论体系。

3. 网络拍卖中拍卖公告的效力

根据《民法典》合同编第二章关于合同的订立的规定，采用要约承诺方式订立的合同，自承诺生效时合同成立。因此，如果拍卖公告是一种预先的承诺，当最高应价出现时，该承诺生效，合同成立，拍卖公告中载明的条款应作为合同的内容，双方当事人均应受其约束。一般的商品房买卖合同中，若开发商通过补充协议的方式将支付物业费等费用作为交付的条件，司法实践中通常会认为开发商以预先拟定的格式条款加重买受人的义务，排除其主要权利，并进而认定该补充协议条款无效，开发商以未支付物业费为由拒绝交付房屋的，构成逾期交房。但拍卖与之不同，《拍卖法》第 18 条规定："拍卖人有权要求委托人说明拍卖标的的来源和瑕疵。拍卖人应当向竞买人说明拍卖标的的瑕疵。"只要拍卖人向竞拍人如实告知拍

---

① 参见戚兆岳等：《〈中华人民共和国民法典·合同编〉释义》，人民出版社 2020 年版，第 18 页。

卖标的物存在的瑕疵或负担，竞拍人参与竞拍，即应容忍该瑕疵。进而言之，委托人也可以对竞拍人提出特别的要求，竞拍人参与竞拍，亦意味着同意按照委托人的要求承担其他义务。

本案中，拍卖公告中对房屋的权利情况已进行了说明，其中101室房屋租金承租人多信公司已经实际付清，朱某峰作为受让人，不能再向多信公司主张其取得所有权后的租金；对于201室房屋，承租人应就剩余未到期租金向受让人朱某峰支付，故而朱某峰要求多信公司支付，应当予以支持。

四、结语

“难办案子”具有推进或延滞法理发展的性质。法官在处理这些案件时，不但要解决个案的纠纷，更重要的是探索一条解决纠纷的道路。此情形中的法官，很像一个具有较高的审美能力和娴熟的创造技巧的艺术家，运用全部的司法智慧和人生经验，寻找出一条可行之路，并将之适用于手头的案件。当然，探求意思表示，衡平权利义务，可谓是一项艰难而又荣耀的事业，不经过辗转反侧、捻须踱步的一番挣扎纠结不足以体会其中况味也。可是，作为一项集体的事业，每一个法官捻须踱步地一番探索，都会推进法律的进步，后来者在遇到类似的案件时，可以站在我们思考的肩膀上：如果我们错了，他们可以避开我们的错误；如果我们对了，他们可以做得更好。判

（本文仅代表作者个人观点）

监管权与所有权嵌合结构下的生态利益救济

——兼论《民法典》第1234条、第1235条的适用*

杨　雪**

《民法典》第1234条、第1235条（以下所引法条如无特别注明均指《民法典》）正式肯定了以"生态系统服务"① 功能为表现形式的"生态利益"，但条文的高度抽象性要求对其规范内容作进一步的解释。关于生

* 本文为国家社科基金重大项目"整体系统观下生物多样性保护的法律规制研究"（项目编号：19ZDA162）的阶段性研究成果。

** 清华大学法学院博士研究生。

① 根据生态环境部印发的《环境损害鉴定评估推荐方法（第II版）》，生态系统服务是指人类或其他生态系统直接或间接地从生态系统获取的收益。生态系统的物理、化学或生物特性是生态系统服务的基础。

态利益救济，素有私法说与公法说之争。① 此二者分野延伸到第1234条、第1235条的解释中，出现了基于所有权的“物权救济说”和基于监管权的“法定侵权救济说”。② 现有的区分理论开始关注到现有救济规则发挥作用的方式和适用限度，但仍未能实现不同救济规则及其意欲调整法律关系的正确匹配。③ 因此，本文试图结合司法案例，厘清监管权与所有权共同支配生态利益的现实图景，论证生态利益救济的应然模式，以此为基础探讨《民法典》第1234条、第1235条的适用。

案情概要④

2021年1月4日，毕节市人民检察院诉大方绿塘煤矿有限责任公司（以下简称大方绿塘煤矿）环境污染民事公益诉讼案，由毕节市中级人民法院公开审理并当庭宣判。被告当庭表示服判不上诉。

毕节市人民检察院诉请：（1）判令大方绿塘煤矿将其违法排污损害的生态环境恢复原状或者支付生态环境损害修复费用42.26074万元；（2）判令大方绿塘煤矿承担检测、鉴定费用6万元。被告辩称，此次事件乃是由于人为不可控制的因素导致，被告主观上并不希望损害发生；已经积极采取

---

① 关于“公法说”参见陈太清：《行政罚款与环境损害救济——基于环境法律保障乏力的反思》，载《行政法学研究》2012年第3期；侯佳儒：《生态环境损害的赔偿、移转与预防：从私法到公法》，载《法学论坛》2017年第3期。关于“私法说”参见马腾：《我国生态环境侵权责任制度之构建》，载《法商研究》2018年第2期；汪劲：《论生态环境损害赔偿诉讼与关联诉讼衔接规则的建立——以德司达公司案和生态环境损害赔偿相关判例为鉴》，载《环境保护》2018年第5期。

② 参见《最高人民法院关于充分发挥审判职能作用 为推进生态文明建设与绿色发展提供司法服务和保障的意见》（法发〔2016〕12号），载最高人民法院网 https://www.chinacourt.org/law/detail/2016/05/id/148722.shtml，访问时间：2021年4月5日；《环保部有关负责人解读〈生态环境损害赔偿制度改革方案〉》，载国务院网站 http://www.gov.cn/zhengce/2017-12/17/content_5247962.htm，访问时间：2021年4月5日；王旭光：《〈民法典〉绿色条款的规则构建与理解适用》，载《法律适用》2020年第23期。

③ 李兴宇：《生态环境损害赔偿诉讼的类型重塑——以所有权与监管权的区分为视角》，载《行政法学研究》2021年第2期。

④ 参见贵州省毕节市中级人民法院（2020）黔05民初148号民事判决书。

措施防止类似事件再次发生，并且愿意支付全部生态环境修复费用。

法院经审理查明，2020年7月21日，大方绿塘煤矿因该煤矿废水处理能力不足，矿井废水未经处理，直接排出，造成大方岔河水库下游河流地表水和底泥污染。水体生态环境损害修复虚拟成本为10.5元/立方米，河道底泥地生态环境损害修复虚拟成本为205900元。水体和河道底泥污染生态环境损害修复费用共计422607.4元。法院判决被告于判决生效后十五日内委托第三方着手实施对大方岔河水库下游河水和底泥造成的污染恢复原状，逾期未完成则承担环境修复费用42万余元，由毕节市生态环境局开展修复，并由公益诉讼起诉人贵州省毕节市人民检察院进行监督。

裁判要旨

1. 法院认为被告超标排放污水的行为，对当地地表水和底泥造成了污染，破坏了生态环境，应承担修复生态的民事责任。故而，对检察院诉请被告承担恢复原状、履行生态环境修复义务、支付生态环境修复费用、承担鉴定费用的诉讼请求全部予以支持。

2. 关于生态修复实施问题。法院认为应当构建起“责任人修复+政府监管履职+人民法院强制执行+人民检察院监督”的新型复合治理路径。因此，在判决被告履行修复义务的基础上，要求毕节市生态环境局积极履行环境监管职能，在被告逾期未修复受损生态时组织开展修复工作；同时，人民检察院做好对判决履行情况和行政机关履职情况的过程监督，推动修复落地。

评析

该案是《民法典》实施后，贵州首例环境污染民事公益诉讼案。案件中，《民法典》第1229条、第1234条、第1235条作为主要法律依据予以适用，涉及生态利益救济的基础性问题。即不同的“国家机关或社会组织”，各自基于何种权利或权力主张生态利益救济，各自的顺位及限度为何，这需要在司法实践的案例中进行探讨和检视。

一、监管权与所有权嵌合结构下的生态利益

生态系统服务所提供的生态利益需要物化到一定的载体上才能为人所感知和利用。大多数环境要素、生物要素被我国《宪法》《民法典》列为“自然资源”，使得大部分生态利益救济存在于自然资源监管权与所有权嵌合的结构中。环境监管部门与自然资源物权人均对生态利益予以支配，但二者支配目标不同，前者致力于保障生态利益的基本供给，后者致力于提升生态利益的总量与质量。这使得自然资源上的生态利益呈现出二重维度：一是涉及公共健康之“生存生态利益”，二是作为福利产品之“福利生态利益”。① 生态利益的二重维度及嵌合结构的现实图景决定了生态利益救济模式的基本走向。

（一）作为监管内容，环境监管部门致力于保障“生存生态利益”

法律授权环境监管部门监督关涉“生存生态利益”的行为，维持生态系统服务的供需平衡，保障涉及公共健康之“生存生态利益”供给。于生态利益提供者而言，环境监管部门须监督对生态环境有影响的自然资源开发利用活动、重要生态环境建设和生态破坏恢复工作等，进而保障生态利益的供给。于生态利益消耗者而言，环境监管部门须通过污染物排放总量控制、排污许可证制度监督消耗生态利益的行为，进而控制生态利益的消耗。

一是对生态利益提供者监管，以确保生态系统服务供给。“生态保护红线”制度明确了自然资源及相关区域用途管制的要求和底线，以此确保生态利益基本供给。《环境保护法》第29条规定，国家划定生态保护红线，实行严格保护。之后，中共中央办公厅、国务院办公厅印发《关于划定并严守生态保护红线的若干意见》（以下简称《生态红线意见》），明

---

① 生态利益表现为其提供的生态系统服务，其中，“生存生态利益”体现为保障人类生存所提供的基础生态系统服务；“福利生态利益”体现为在基础生态系统服务之上，促进人类生活水平提升的生态系统服务。

确了建立生态保护红线制度的改革目标，包括优化和保护国土生态空间、保持生态功能，完善国家生态安全格局。按照《生态红线意见》，生态保护红线是指在生态空间范围内具有特殊重要生态功能、必须强制性严格保护的区域。生态保护红线成为编制空间规划的基础。这使得生态系统服务供给在生态保护红线之上。

二是对生态利益消耗者监管，以约束生态系统服务消耗。根据《环境保护法》《国家环境保护环境与健康工作办法（试行）》等相关规定，环境监管部门应“保障公众健康”，通过重点污染物排放总量、国家环境质量标准、污染物排放标准，确定各地区特定时间内生态利益消耗的上限。人们合法或非法地开采、利用自然资源以及排污的行为均是对生态系统服务的消耗，导致生态利益减少。① 环境监管部门直接禁止对生态利益的过度消耗。如果有行政审批之外的非法排污、工程建设行为，环境监管部门有权依照《环境保护法》《水污染防治法》《大气污染防治法》《环境影响评价法》等法律，责令改正或限制生产、停产整治，罚款，甚至责令停业、关闭，禁止生态利益消耗超出生态环境可承载的范围，防止因生态环境不利改变对公众健康的威胁。

（三）作为物权内容，自然资源物权人致力于增加“福利生态利益”

以往自然资源的开发利用只关注其间经济利益，生态利益多被忽视。近些年，改革正逐步明晰生态利益归属，消除自然资源上生态系统服务的“正外部性”②，使得自然资源物权人有动力持续提供生态系统服务，增加“福利生态利益”。

---

① “生态系统服务”包括净化空气和水，分解、降解有毒有害物质，调节气候，减轻干旱和洪水等。See James Salzman; Barton H. Thompson Jr. &Gretchen C. Daily, Protecting Ecosystem Services: Science, Economics, and Law, 20 Stanford Environmental Law Journal(2001), pp. 309-332.

② 外部性理论最初由“外部经济”理论、“庇古税”理论、“科斯定理”发展而来。环境领域的“正外部性”，指某经济活动对环境有益，但这些益处的价值未通过市场实现，导致私人收益少于社会收益，对良性经济活动产生抑制作用。参见夏征农主编：《大辞海》（环境科学卷），上海辞书出版社2006年版，第249页。

我国《宪法》《物权法》虽然明确了自然资源的国家所有和集体所有制，然而，由于以往自然资源的经济价值被着重关注，自然资源权属也不甚清晰。

近些年，我国通过环境法律制度、机构改革，逐步明确了自然资源上生态利益的归属。针对国有自然资源，一是明确了自然资源承载着保障国家生态安全，提供生态系统服务的功能。《建立国家公园体制总体方案》《关于建立以国家公园为主体的自然保护地体系的指导意见》《国有林场改革方案》和《国有林区改革指导意见》等改革文件均明确，要保护具有重要生态功能的国有土地资源、水资源、森林资源以及区域等，并规定了具体的改革措施。二是明确了履行自然资源管理的职能部门。我国于2018年进行机构改革，组建了自然资源部，统一行使全民所有自然资源资产所有者职责以及国土空间用途管制和生态保护修复职责。自然资源部管理的国家公园管理局承担着中央政府直接行使所有权的国家公园等自然保护地的自然资源资产管理和国土空间用途管制职责。① 自然资源管理部门承担着维护国家生态安全、供给生态利益的重要职能。

生态环境、自然资源领域的改革使得围绕着生态利益的监管权与所有权嵌合结构逐步廓清，自然资源上生态利益的二重维度已经显现。嵌合结构的支配现实及生态利益的二重维度决定了生态利益救济的二元模式。

二、生态利益救济的应然模式

自然资源物权人与环境监管部门支配生态利益的目标不同。相应地，生态利益救济目标亦存在差异。于自然资源物权人而言，不论生态利益减损数额为何，都有恢复利益原状的内在需求。然而，环境监管部门的职权在于保障供需平衡。当环境监管部门对生态利益的间接支配失控，威胁公众基本的生态利益需求时，其始得有义务介入，以恢复生态系统服务至供

---

① 国家公园管理局：《自然保护地司主要职责》，载国家公园管理局网 http://www.forestry.gov.cn/main/21/20180920/113708985521732.html，访问时间：2021年4月4日。

需平衡的状态。

生态利益的二重维度要求采用不同维度上针对性的生态利益救济模式。(1) 如果生态系统服务供需失衡，威胁“生存生态利益”时，需要发挥行政监管权优势，迅速恢复基本供给。此为生态利益救济的“公法管制”。(2) 为规范环境监管权行使，当环境监管部门采取“代履行”的行政强制执行后，保留了司法机关的程序审查权，由司法机关决定行政相对人是否应最终承担修复费用。此为生态利益救济的“公益之债”。(3) 从经济分析、行为激励来看，如果不涉及“生存生态利益”，宜由物权人主张生态利益救济。此为生态利益救济的“物上之债”。

(一)“公法管制”与“公益之债”的必要性及适用边界

我国《环境保护法》第 39 条明确了国家在控制环境污染、保障公众健康的义务。2018 年发布的《国家环境保护环境与健康工作办法（试行）》也进一步明确了环境监管部门要预防、控制与健康损害密切相关的环境因素，保障公众健康。在“命令—控制”型的秩序行政模式下，环境行政机关获得了广泛的授权。① 尤其是《行政强制法》还在第 50 条规定了行政机关对环境污染防治、自然资源保护实行“代履行”制度，在第 52 条规定了“立即代履行”的强制执行权。

《民法典》作为法律体系的一环，除了构建自治原则，还须兼顾国家管制。② 因此，一些公法上的债进入民法体系具有应然性。一是借公益之债制度，在司法程序中等量齐观公私主体，将民事关系与前置于民事关系的公法关系连结起来，使得法律体系运行更加顺畅。二是保留了司法权对行政权的监督，防止行政权力滥用，确保行政权的规范行使。三是针对目前非诉强制执行制度存在着法院审查方式、执行程序不明确以及被执行人

---

① 参见张宝：《生态环境损害政府索赔权与监管权的适用关系辨析》，载《法学论坛》2017 第 3 期。

② 参见苏永钦：《民事立法者的角色——从公私法的接轨工程谈起》，载苏永钦：《民事立法与公私法的接轨》，北京大学出版社 2005 年版，第 15 页。

保障救济不足的诸多问题,① 借助民事诉讼法律规范予以弥补，进一步明确了各方权利义务，保护被执行人合法权益。四是简化了程序，而毋需“催告”，不须行政相对人提起行政诉讼，司法机关提前介入程序审查，又提高了“代履行”费用执行的效率。公益之债制度能够在“救济效率”与“程序正义”这两种价值之间达致较好的平衡。

在此基础上，要明确“公法管制”和“公益之债”的适用边界。一是在“公法管制”中，须发挥行政权专长。现代宪法对公民基本权利的规定要求国家履行相应的保护义务，行政权作为执行权，应保障公民生命健康不受威胁，提供基本的生态利益供给。行政权的传统定位为执行权，行使过程中多采用“命令—控制”单向主导模式，而不涉及意见交涉，且须掌握专业技术。这使得行政权具有“效率优先”② 的价值取向与客观特征。在保障生命健康时，行政机关相比于司法诉讼，在专业性、灵活性和效率等方面具有明显的优势。③ 如果生态环境损害威胁到生命健康安全，应当充分尊重环境保护机关的专长，迅速、及时恢复生态系统服务的基本水平。人的生命和人性尊严，相比于其他法益，尤其是物质性利益，处于更高位阶而具有优先性。④

然而，如果人的生命、人性尊严以及其他优先利益得到合理保护后，还应当进行“成本—效益”的分析。因为，行政监管权并不总能实现生态利益供给与需求调控的最优效益。这时，救济生态利益可以考虑其他制度选择。相比于生态利益的供给者与消费者自身，如果要获取同样的生态利

---

① 参见黄学贤:《非诉行政执行制度若干问题探讨》，载《行政法学研究》2014年第4期。

② 参见孙笑侠:《司法权的本质是判断权——司法权与行政权的十大区别》，载《法学》1998年第8期。

③ 参见朱丽:《美国环境公共利益司法保护制度与实践及对我国的启示》，载《环境保护》2017年第21期。

④ 参见［德］卡尔·拉伦茨:《法学方法论》，黄家镇译，商务印书馆2020年版，第517页。

益变化信息时，监管者几乎需要持续不断对各方主体的行为进行监察，[①]这需要行政上极高的人力、财力和物力损耗。因此，当生态环境损害发生于自然资源之上时，相关物权人主张救济更具效益优势。因此，应当在保障基本公共服务和促进公共服务效益的前提下，应“让监管的归监管、市场的归市场”。

二是在适用“公益之债”时，须考虑行政权与司法权的专业分工。为监督环境监管权规范行使，在环境监管部门主张公益之债权时，司法机关应当进行“行政程序审查”。现代社会发展使得行政机关开始掌握和行使准立法权和准司法权，法院则开始加强对“行政程序”的司法审查，保证行政权的合法合理行使。[②] 公益之债请求权是将环境监管部门置于司法监督之下的结果。然而，当涉及生态环境损害案件时，司法权也要尊重行政权的专长，主要进行程序审查。一方面，在诸多事实认定上，行政机关掌握了认定案件事实的技术、资金、人员力量，司法机关并不具有更多优势。当获取信息涉及专业技术，或难以辨别各方当事人，或当事方太多难以实现信息沟通时，规制机构可能掌握更多信息。[③] 另一方面，各国修复责任认定多以违法性要件为前提。环境监管部门拥有违法性要件认定的权力，掌握着行为人是否需要承担责任的关键证据。在生态环境损害修复、赔偿案件中，若采用“环境监管部门—司法机关—违法行为人”的传统民事诉讼结构，环境监管机关必将“既是裁判员，又是运动员”。法院空有“事实认定”之名，却无“事实认定”之实。从改革期间各地的司法实践来看，各地环境监管部门启动的生态环境损害磋商与赔偿，权利人（环境监管部门/地方政府）的主张基本得到满足；倘若进入诉讼程序，胜诉率

---

① 参见［美］史蒂芬·夏维尔：《损害赔偿责任抑或安全规制》，罗玥译，载唐纳德·A. 威特曼编：《法律经济学文献》，法律出版社2006年版，第94~95页。

② 参见王明远：《论我国环境公益诉讼的发展方向：基于行政权与司法权关系理论的分析》，载《中国法学》2016年第1期。

③ 参见［美］史蒂芬·夏维尔：《损害赔偿责任抑或安全规制》，罗玥译，载唐纳德·A. 威特曼编：《法律经济学文献》，法律出版社2006年版，第94~95页。

也是100%，且被告上诉率极低。① 不宜过高估计法院在生态环境损害的事实认定以及裁判中的作用。

（二）“物上之债”的必要性及适用边界

当生态环境损害不实质危及公共健康时，从经济分析、行为引导的角度考察，宜由自然资源物权人主张生态利益救济。

一方面，从大部分生态环境损害救济的便利性来讲，物权人具有天然优势。环境监管部门间接支配生态利益，然而，通过监管违法行为，并不能直接获知附着于自然资源上生态利益减损的结果。自然资源物权人是大部分生态利益的直接支配者，从相关行为中攫取利益，因此，在生态利益相关信息获取上享有固有优势，能够及时知晓附着于自然资源之上的生态利益减损，也能够最早采取措施以防止损害扩大。

另一方面，在法律上认可物权人的生态利益救济权利，可以激励其保护生态利益。当生态服务表现得像公共产品，自然资源所有者就少有动机提供生态服务，为追求经济利益最大化，他们会将能够提供生态服务的财产转化到不提供生态服务的用途，如湿地转化为商业用地。②“财产法的反生态倾向”，使得市场上的生态资本和生态服务供给不足。③ 因此，在财产法上肯定生态利益，可以解决生态系统服务正外部性的问题，引导、鼓励

---

① 参见《最高法发布环资审判白皮书、环境司法发展报告及生态环境保护典型案例》，载最高人民法院网 https://www.chinacourt.org/article/detail/2019/03/id/3743578.shtml，访问时间：2021年2月1日；《生态环境损害赔偿磋商十大典型案例》，载生态环境部网 http://www.mee.gov.cn/xxgk2018/xxgk/xxgk06/202005/t20200506_777835.html，访问时间：2021年2月1日；吕忠梅等：《中国环境司法发展报告（2019）》，法律出版社2020年版，第309~315页。即使部分案件中被告提起上诉，也由于未交纳上诉费，按撤诉处理。参见《秦皇岛首例污染环境案以准许上诉人撤诉终结》，载中国法院网 https://www.chinacourt.org/article/detail/2019/03/id/3743578.shtml，访问时间：2021年2月1日。

② 参见［美］J.B.鲁尔、斯蒂文·E.卡夫、克里斯托弗·L.兰特：《生态服务的法律和政策》，杨代友、付瑶译，中国环境出版社2016年版，第60~62页。

③ 参见［美］J.B.鲁尔、斯蒂文·E.卡夫、克里斯托弗·L.兰特：《生态服务的法律和政策》，杨代友、付瑶译，中国环境出版社2016年版，第98页。

物权人持续提供生态利益。

三、《民法典》第1234条、第1235条对生态利益救济的回应

《民法典》作为调整平等主体的自然人、法人和非法人组织之间的人身关系和财产关系的法律规范，条文须避免“公法管制”等“命令—控制型”的解释。结合《民法典》文本、体系、目的以及相关制度的分析，第1234、第1235条的规范内容作为“公益之债”与“物上之债”，具有可行性：（1）“公益之债”作为非典型之债跻身于我国《民法典》中，可规范环境监管权行使，弥补非诉强制执行制度之不足；（2）物权编、侵权责任编的衔接安排以及侵权责任编的兜底功能，为侵权责任编中的“物上之债说”提供解释空间；生态环境损害救济的充分性以及我国自然资源所有权救济制度的缺位催生了“物上之债”的现实需求。另外，应发挥环保组织和检察机关在生态环境损害救济中的监督、补充、兜底功能。

（一）《民法典》中“公益之债”的适用

由于关涉公共健康的“生存生态利益”救济多具有紧急性，环境监管部门请求侵权人修复，若侵权人不修复，将直接代为修复或由第三人修复；因此，当环境监管部门诉至法院，请求内容应为“承担修复费用”。这符合“债”的一般构造，可以“公益之债”指称。

正如郑玉波教授指出的，债之发生原因，并不限于“民法”债编规定的典型类型，如物权、亲属、继承各编以及民事特别法中，亦均有债的发生原因之规定，然此等原因多与其他法律关系相伴而生。[①] 王泽鉴教授在探讨法定之债时，也指出法定之债在“民法”各编被加以规定，如，因相邻关系而生的损害赔偿请求权、亲属间的扶养请求权等。[②] 柳经纬教授也从债的发生原因出发，将债之关系划分为典型之债与非典型之债。[③] 公益

① 参见郑玉波：《民法债编总论》，我国台湾地区三民书局1985年版，第19~20页。

② 参见王泽鉴：《债法原理》（第二版），北京大学出版社2009年版，第57~58页。

③ 参见柳经纬：《非典型之债初探》，载《中国政法大学学报》2008年第4期。

之债不属于合同、无因管理、不当得利和侵权行为这四种典型之债中的任何一种。①

公益之债不同于合同、无因管理、不当得利和侵权行为这四种典型之债，可作为非典型之债纳入《民法典》。公益之债与合同、无因管理、不当得利之债相差甚远，与侵权之债也有着根本性的区别。与侵权之债相比，一是债的发生原因不同：侵权之债的发生原因是侵权行为；公益之债的发生原因除了有侵害公共利益的行为，还包括“代履行”行政强制执行的实现。二是债的实现形式不同：侵权之债的债权人即被侵权人，被侵权人可基于意思自治决定是否放弃债权；公益之债的债权人乃作为公共利益代表的环境监管部门，其主张债权具有职权性质，不可意定。可以看到，公益之债与私法自治原则相去甚远，并非典型之债，而是承载着公法管制功能的债。

我国《民法典》第118条第2款将“法律的其他规定”与合同、侵权行为等其他债之发生原因并列，为非典型之债的主张提供了依据。《民法典》中，同样存在诸多承载着公法管制功能的债之关系。② 因此，第1234条、第1235条作为承载着公法管制功能的非典型之债具有可能性。

关于公益之债在《民法典》中的适用。《民法典》第118条第2款、第468条分别是我国债法体系的基础和实质债法总则的构造枢纽。③ 第468条规定：“非因合同产生的债权债务关系，适用有关该债权债务关系的法律规定；没有规定的，适用本编通则的有关规定，但是根据其性质不能适用的除外。”因此，在实质债法总则统摄典型之债与非典型之债的规定下，公益之债的适用应遵循实质债法总则的规范内容。第1234、第1235条已规定了生态环境损害修复、赔偿的请求权内容，可独立适用其债权债务关

---

① 参见王泽鉴：《债法原理》（第二版），北京大学出版社2009年版，第1页。

② 例如，因相邻关系而生的损害赔偿请求权、亲属间的扶养请求权、因物权登记而生的请求权等。

③ 参见于飞：《我国民法典实质债法总则的确立与解释论展开》，载《法学》2020年第9期。

系的规定。

（二）《民法典》中“物上之债”的适用

将《民法典》第1234、第1235条解释为物上之债，同样存在可行性。

一是从《民法典》体系的布局来看，由于侵权责任编在民事权益保护中具有兜底功能，第1234、第1235条可解释为“物权请求权+侵权请求权”的结构，以与物权编进行衔接。故而，第1234、第1235条中规定的物权请求权内容具有可能性。（1）物权编“物权的保护”一章中第238条规定，造成物权损害的，权利人可以请求损害赔偿或承担其他民事责任。换言之，在排除妨害、消除危险等物权请求权之外，损害赔偿请求权作为债权请求权也可救济物权损害。（2）侵权责任编“一般规定”一章中第1167条规定，侵权行为危及他人人身、财产安全的，被侵权人有权请求侵权人承担停止侵害、排除妨碍、消除危险等侵权责任；另外，还在第二章专章规定了“损害赔偿”的责任承担方式。可以看到，针对物权损害，物权编与侵权责任编之间进行了“衔接”。物权编主要规定了物权请求权，并保留了诉诸损害赔偿请求权的通道；侵权责任编则在“一般规定”中，明确了物权请求权的优先性，在此基础上，明确了损害赔偿请求权的具体适用情形与内容。这表明了，侵权责任编中损害赔偿请求权对权利救济的兜底功能，以及侵权责任编在民法典体系中的兜底功能。因此，从物权编、侵权责任编体例的衔接来看，生态环境损害修复、赔偿责任虽置于侵权责任编中，却仍可在其中保留其物权请求权的规定。

二是从立法目的来看，《民法典》第237条规定了恢复原状请求权的构成要件和法律效果，使其具有独立性；并在物权编、合同编、侵权责任编分别有具体规定；故而，恢复原状请求权兼有物权请求权和债权请求权的双重属性。如果恢复原状只恢复所涉经济利益，那么恢复原状请求权就与以损害赔偿为内容的债权请求权无异；但如果恢复原状保护物的占有、使用、收益、处分等各方面的利益，试图恢复物上利益的圆满状态，那么恢复原状请求权就具有了物权请求权的属性。① 第1235条虽然规定的是"赔偿损失"的责任承担方式，但按照《生态环境损害赔偿制度改革方案》，生态环境损害无法修复的，其赔偿资金全额上缴同级国库；赔偿权利人及其指定的部门或机构结合本区域生态环境损害情况开展替代修复。即，生态环境损害赔偿金也将专门用于"替代修复"。第1234条的环境修复责任旨在通过原地修复、异地修复、替代修复等多种修复措施，最大限度接近环境受损前的状态，是"恢复原状"的生态化表达。② 因此，无论是第1234条中的"修复"，还是第1235条中的"赔偿"，都是为了恢复"特定生态利益"的原状，即在经济利益之外，保护物上的其他利益，以回复物上利益的圆满状态。因此，若自然资源物权人依据第1234条、第1235条主张救济，其修复、赔偿请求权便具有物权请求权的属性。

值得注意的是，《环境保护法》第58条规定环保公益组织可以提起环境民事公益诉讼；《民事诉讼法》第55条规定人民检察院在履职中发现破坏环境与资源的，在相关机关与组织不起诉的情况下，也可以提起诉讼。这使得环保公益组织和检察机关在生态环境损害救济中发挥监督、补充、兜底的功能。

四、结语

在适用《民法典》时，需要将整个法律秩序理解为相互联系的内容与价值评价的统一。③ 生态环境损害处在监管权与所有权行使的嵌合结构中，使得其上生态利益呈现出二重维度：一是涉及公共健康之"生存生态利益"，二是作为福利产品之"福利生态利益"。为前者，环境监管部门基于公共健康保障义务主张救济，是谓"公法管制"与"公益之债"。为后者，自然资源物权人基于所有权主张救济，是谓"物上之债"，《民法典》第

① 参见崔建远：《恢复原状请求权辨》，载《甘肃政法大学学报》2020年第5期。

② 参见胡卫：《民法中恢复原状的生态化表达与调适》，载《政法论丛》2017年第3期。

③ 参见［德］伯恩·魏德士：《法理学》，丁晓春、吴越译，法律出版社2013年版，第67页。

1234条、第1235条为“公益之债”与“物上之债”提供解释空间，应当先由环境监管部门和自然资源管理部门在各自限度内主张救济。

本案中，法院在判决被告履行修复义务的基础上，要求生态环境局积极履行环境监管职能，在被告逾期未修复受损生态时组织开展修复工作；同时，人民检察院做好对判决履行情况和行政机关履职情况的过程监督，推动修复落地。然而，在案件审理阶段，环境监管部门和自然资源管理部门却未能恰如其分地基于其所掌握的环境监管权与自然资源管理权，主张生态环境损害救济。在之后的司法实践中，或许需要进一步检视各机关和组织协同主张生态环境损害救济的细节。判

（本文仅代表作者个人观点）

作为违约损害赔偿计算方式的许可使用费

——基于英国违约交涉赔偿制度的最新发展与我国相关案件的研究*

黎　珞**

一、问题的提出

许可使用费通常运用于知识产权侵权案件之中。根据我国《专利法》第71条第1款与《商标法》第63条第1款之规定，在权利人的实际损失或侵权人的获利难以确定时，许可使用费可以作为损害赔偿的计算方式。另外，人格权侵权案件中也有适用许可使用费计算赔偿数额的空间。①

与此类似，违约导致的损失也存在无法被证明或难

* 本文为湖南省哲学社会科学基金青年项目“环境污染强制责任保险法律规制研究”（项目编号：18YBQ098）的阶段性研究成果。

** 英国伦敦国王学院助理研究员，法学博士。

① 参见黄芬：《人格权侵权中的许可使用费赔偿研究》，载《社会科学》2020年第1期。

以确定的情况。违约损害赔偿主要是弥补原告因违约行为而遭受的财产损失，使原告能够处于违约没有发生、合同被完全履行时的状态。[①] 依据传统损害赔偿制度，在原告无法证明或确定其遭受的财产损失时将不能得到实质性的补偿。但如果就此不给予其他救济，不但原告将遭受不公平待遇，而且纵容了被告的违约行为。那么在违约案件中，是否也存在类似于以许可使用费赔偿的方式以挽救传统损害赔偿补偿功能的缺憾呢？

在我国的司法裁判中出现了不少类似的案件，原告无法证明违约导致了财产损失。对此，有的法院根据案件具体情况酌定了赔偿数额或违约金数额，[②] 有的法院直接以损失无法证明或难以计算为由驳回了要求被告赔偿损失的诉讼请求。[③] 基于司法实务遇到的困境，有学者主张借鉴英美合同法、引入违约获利剥夺制度（disgorgement 或 account of profits），剥夺被告因违约而获得的全部利润，以遏止此类违约的发生，实现判决结果的公平。[④] 然而，损害赔偿制度遵循完全赔偿原则与禁止得利原则，采取"差额说"计算赔偿数额，[⑤] 这意味着在补偿原告损失之后，即便被告还能获得额外的利润，也不应被剥夺，除非满足特殊的要件。如果一般性地通过

---

① See Ryan Murray, Contract Law: The Fundamentals, 5th edn, Sweet & Maxwell, 2020, para. 14-001.

② 参见吉林省吉林市中级人民法院（2019）吉 02 民终 720 号民事判决书、江苏省徐州市中级人民法院（2020）苏 03 民终 4023 号民事判决书、湖北省武汉市中级人民法院（2017）鄂 01 民终 5480 号民事判决书、山东省济南市市中区人民法院（2020）鲁 0103 民初 13952 号民事判决书。

③ 参见广东省高级人民法院（2017）粤民终第 2299 号民事判决书、山西省运城市中级人民法院（2018）晋 08 民终 1110 号民事判决书。

④ 参见孙良国：《违约责任中的所获利赔偿研究》，载《法制与社会发展》2008 年第 1 期；陈凌云：《英美合同法之违约获益赔偿责任》，载《环球法律评论》2010 年第 3 期；刘承韪：《获益损害赔偿制度的中国问题与体系构建》，载《陕西师范大学学报（哲学社会科学版）》2016 年第 6 期；缪宇：《获利返还论——以〈侵权责任法〉第 20 条为中心》，载《法商研究》2017 年第 4 期；和育东：《非法获利赔偿制度的正当性及适用范围》，载《法学》2018 年第 8 期；吴国喆、长文昕婕：《违约获益交出责任的正当性与独立性》，载《法学研究》2021 年第 4 期。

⑤ 参见王泽鉴：《损害赔偿》，北京大学出版社 2017 年版，第 68 页。

获利剥夺制度剥夺被告的所有获利，利用该获利弥补原告的损失，无疑将摧毁损害赔偿制度存在的根基，与我国《民法典》第584条关于违约损害赔偿范围的规定也存在明显的冲突。更何况，被告未因违约行为获利的情形也时有发生。

针对以上情形，英国法创立了交涉赔偿制度（negotiated damages），[①]旨在弥补上述传统违约损害赔偿的不足，给予原告足够的补偿。通过现有的学术文献可以看到，我国主张借鉴英美法引入违约获利剥夺制度的学者大多将交涉赔偿制度与获利剥夺相混淆，忽略了两者存在的巨大理论差异。英国普通法自Wrotham Park案[②]以来，随着对交涉赔偿制度理解的日趋成熟，主流观点已将两者作了绝对的区分，获利剥夺制度则极少被运用于违约案件中。[③] 2018年，英国最高法院在One-Step案[④]中重申了违约损害赔偿的数额不能超出填补财产损失的范围，首次对交涉赔偿金的法律性质作出了详细解释，明确限定该制度只能适用于部分财产损失无法确定的违约案件之中，引发了英国学术界对交涉赔偿制度适用情形的热烈讨论。

那么，英国最高法院对交涉赔偿金的适用是怎样规定的？交涉赔偿金的法律性质究竟是什么？既然交涉赔偿金与许可使用费的目的都是弥补传统损害赔偿制度在面对损失不能确定时的不足，交涉赔偿金在中国法语境下能否被理解为一种许可使用费？如果可以，在哪些情形下能够给予守约方许可使用费赔偿？如何计算赔偿数额？本文参考英国法独特的交涉赔偿制度，以One-Step案为重点，首先分析在该案之前发生于英国的此类案例与学术观点，然后详细探讨One-Step案带来的最新发展以及笔者对该案的解读，最后结合我国的实务案件与立法探讨应如何将许可使用费赔偿拓展应用于违约案件中。

---

① 之所以被称为交涉赔偿是因为在大多数案件中，该类金钱赔偿的数额是假设原告和被告商议并同意被告实施违约行为时要求被告支付的对价。

② Wrotham Park Estate Co. Ltd. v. Parkside Homes Ltd. [1974] 1 WLR 798.

③ See Hugh Beale, Chitty on Contracts, 33rd edn, Sweet & Maxwell, 2020, para. 26-065.

④ One-Step (Support) Ltd. v. Morris-Garner and another[2018] 2 WLR 1353.

二、违约交涉赔偿制度的起源、演进与学理解释

（一）交涉赔偿制度的起源与演进

英国司法与学术界对交涉赔偿制度的关注源于 Wrotham Park 案，自该案之后交涉赔偿被法院越来越多地运用于案件判决之中，直到 One-Step 案终审判决之前，交涉赔偿制度已经被法官普遍接受，在原告无法证明违约导致的损失或者损失难以计算时，法官倾向于判决被告承担交涉赔偿责任，使守约方获得一定的补偿，得到一个对原告公平的（a just response）判决结果。①

在 Wrotham Park 案中，一块土地的开发者与地产的所有权人之间存在一项协议（a covenant），根据该协议，被告在该土地上的建设项目必须获得原告所有人的同意。由于被告未经所有人批准在该地块建设并销售了 14 栋房屋，原告向法院请求获得强制令，拆除被告违约建造的房屋。该案法官认为拆除房屋太过浪费，于是否决了原告的请求。由于被告的行为没有对原告地块的经济价值造成不利影响，所以法官没有判决被告承担损害赔偿责任，但如果原告不能获得补偿，对原告来说是极不公平的。② 最后法官给予原告一笔数额的金钱以替代（a substitute for）强制令，这笔金钱补偿被视为原告本会同意被告建造房屋的对价（a quid pro quo for relaxing the covenant）。③

在 Jaggard v. Sawyer 案中，原告购买了一个特定区域内的一栋房屋，这个区域内每块土地的购买者必须遵循一个共同协议，即这个区划内未经开发的土地只能用作建造私人花园。被告购买了这个区域内的土地之后建造了一栋房屋。原告以被告违反协议为由，向法院请求强制令拆除被告的房

---

① Experience Hendrix LLC v. PPX Enterprises Inc[2003] EMLR 25; WWF-World Wide Fund for Nature and another v. World Wrestling Federation Entertainment Inc. [2008] 1 WLR 445.

② [1974] 1 WLR 798, [812].

③ Ibid, [815].

屋。判决意见认为由于被告的行为没有对原告的房屋价值造成影响，拆除被告房屋的行为过于粗暴（oppressive），应借鉴 Wrotham Park 案判决被告赔偿原告一定数额的金钱以替代强制拆除房屋。① 本案中 Millett 法官认为，交涉赔偿金的性质是补偿原告丧失的合同权利的价值，反映了假如原告愿意放弃权利的对价，而不是剥夺违约方的获益。② 但同时他认为交涉赔偿金是对强制令的替代，给予交涉赔偿金的前提是原告本可以获得强制令，只是出于某些原因法院没有颁布强制令；如果原告一开始就不能获得强制令，交涉赔偿则不能获得。③

在 Experience Hendrix 案中，依据原、被告之间的合同，被告有权利用或授权第三方利用某已故歌手的部分唱片，对于该歌手其他部分唱片的授权利用则需要经过原告的事先同意。被告违背合同的约定，在未获得原告允许的情况下，擅自授权第三方利用了该部分唱片。法院不同意完全剥夺被告方因违约授权赚取的利润，理由是这个违约发生在商业领域，即使被告是故意违约，在开展商业活动时被告也付出了时间、技能等成本，不符合适用违约获利剥夺的条件。④ 法官一方面采取了强制令禁止被告继续利用未经许可的唱片；另一方面对于已经发生的违约行为，因为原告无法证明违约导致了财产损失，法院采取了 Wrotham Park 案中同样的方法，判决被告给予原告一笔数额的金钱赔偿，这笔赔偿被拟制为“原告同意被告使用该唱片将会要求的合理费用”⑤。这笔赔偿只是人为拟制，代表原告被侵害的合同权利的价值。判决认为对于那部分事先许可使用的唱片，合同约定被告应给予原告百分之二的唱片收益，那么对于事先未经许可的唱片，则原告至少应获得两倍以上比例的赔偿。⑥ 对继续存在的违约，适用强制

---

① Jaggard v. Sawyer and Another[1995] 1 WLR 269. [282].[283].[289].

② [1995] 1 WLR 269. [291]-[292].

③ Ibid., [291].

④ [2003] EMLR 25. [44].

⑤ Ibid., [45].

⑥ Ibid., [46].

令使其停止，对被告已经作出的违约行为，给予交涉赔偿，使得交涉赔偿不再是 Jaggard v. Sawyer 案中作为强制令的替代，而成为独立的违约救济方式。这一观点被 Chadwick 法官在之后的案件中采纳，他认为交涉赔偿不应只是强制令的替代，而是可以普遍被适用于普通法案件中；交涉赔偿金的数额为假设原告同意（a hypothetical release）被告实施违约行为会要求的合理费用。①

之后交涉赔偿还被运用于其他类型案件。在 Lunn Poly Ltd v. Liverpool & Lancashire Properties② 案中，房屋出租人违反租赁合同关于提供承租方安静享受的义务，法院判决被告给予原告交涉赔偿作为对强制令的替代。在 Vercoe and others v. Rutland Fund Management Ltd. and others③（以下简称 Vercoe 案）与 Pell Frischmann Engineering Ltd. v. Bow Valley Iran Ltd. and others④（以下简称 Pell 案）案中，被告均违反了合同中的商业保密义务，尽管原告没有申请强制令，法院一致判决被告承担交涉赔偿责任。Vercoe 案法官认为交涉赔偿的基础是假设原告同意放弃他的权利时被告支付的合理费用。Pell 案法官认为交涉赔偿不仅应用于违约侵害所有权的案件，比如 Wrotham Park 案中的限制协议，也能应用于其他不涉及所有权的违约案件；交涉赔偿不只是强制令的替代，法院也可以独立适用。

交涉赔偿制度被法官在不同案件中多次运用和讨论之后经历了不断的演变。就案件类型而言，从最开始的限制土地使用的合同扩展到版权利用合同、商标权利用合同、租赁合同以及商业保密合同，甚至在后文将会提到的 One-Step 案中，一审、二审法院将交涉赔偿运用于限制竞争合同。适用条件原先是原告无法证明财产损失并可以请求强制令时，交涉赔偿作为强制令的替代而被给予，之后发展到只要原告无法证明违约导致财产损失即可以要求被告承担该责任。总之，交涉赔偿制度的适用范围不断扩宽，

---

① [2008] 1 WLR 445, [54].

② [2007] L & TR 6.

③ [2010] Bus LR D141.

④ [2011] 1 WLR 2370.

适用条件也越来越宽松。

（二）关于交涉赔偿金法律性质的不同学说

英国学术界曾有三种不同的学说来解释交涉赔偿金的法律性质，分别是“交易机会丧失说”“获利返还说”以及“权利价值说”。

依据“交易机会丧失说”，被告的行为剥夺了原告与被告之间的交易机会，包括原告确定交易价格的机会；交涉赔偿金具有补偿性质，目的是弥补原告丧失的交易机会（lost opportunity to bargain）。[①] “交易机会丧失说”广受英国学者批评，最主要的理由是该学说不符合法律事实。因为在很多案件中原告既不可能同意与被告达成让渡合同权利或者允许被告实施该违约交易，也不会以法院酌定的价格作出交易。[②] 例如，在 Wrotham Park 案中 Brightman 法官也承认，原告作为土地所有者会意识到对该地块其他居民存在的义务，因此原告自始至终都不会同意被告的违建行为。[③]

“获利返还说”认为交涉赔偿是一种返还违约方获利为目的的救济方式，被告因违约行为不正当地从原告处转移了利益（a wrongful transfer of value），应返还给原告。[④] 此处的获利返还不同于获利剥夺（disgorgement 或 account of profits），后者是剥夺被告因违约从第三方获得的全部利润，前者则只是要求被告返还从原告处获得的利益。支持这一学说的主要理由是，“获利返还说”合理地解释了为什么交涉赔偿仅在传统违约损害赔偿

---

① See R Shape and S Waddams, Damages for Lost Opportunity to Bargain, 2 Oxford Journal of Legal Studies, 1982, p. 290.

② See Andrew Burrows, Are Damages on the Wrotham Park Basis Compensatory, Restitutionary or Neither?, in Contract Damages: Domestic and International Perspectives, London: Bloomsbury Publishing, 2008, pp. 169-171; Josias Senu, Negotiated Damages and the Compensatory Principle, 1 Oxford Journal of Legal Studies, 2020, pp. 116-117.

③ [1974] 1 WLR 798, [815].

④ See James Edelman, Restitutionary Damages and Disgorgement Damages for Breach of Contract, 8 Restitution Law Review, 2000, pp. 129-151; Ralph Cunnington, The Assessment of Gain-Based Damages for Breach of Contract, 71(4) Modern Law Review, 2008, pp. 559-586.

无法补偿原告损失时才被法院适用;① 并且也有法官在判例中支持这一主张。② 然而支持这一主张的学者同时也承认，基于合同双方的相对性，不论理解为原告遭受损失或是被告违约获利，在数额计算上没有区别。③ 由于计算的时点为被告违约时，法官需要估算那个时点被告从原告获得的利益，因此法官不能准确计算违约时被告的获利数额，只能事后推测双方当事人当时期待的获利数额，因此“获利返还说”同“交易机会丧失说”一样，未能摆脱法官拟制的弊端。其次，该学说只符合被告因违约实际获利的情况，如果被告未实际获利，法官也无法计算返还数额了。

“权利价值说”认为交涉赔偿是对原告被侵害的合同权利的替代，是合同权利价值的市场评估（value the right infringed）。④ 该学说将违约之后获得的赔偿分为两类，一类是传统的损害赔偿，弥补违约给原告造成的财产损失；在违约没有造成财产损失时，另一类赔偿（substitutive damages）作为原告方被侵害的合同权利的替代（a substitutive for the right infringed）。当被告侵害原告的合同权利时，给予交涉赔偿是为了恢复原告失去的权利价值，赔偿数额被视为该权利市场价值的合理评价。⑤ “权利价值说”十分新颖，不考虑实际损失数额，将权利的市场价值本身作为计算赔偿数额的标准，颠覆了主流学说对损害赔偿理论的理解。该学说同样受到了质疑，例如当违约导致了财产损失时，原告的合同权利也被侵害了，此时存在两类损害，被告应该既赔偿原告的财产损失，又赔偿原告合同权利的市场价

---

① See Ralph Cunnington, The Measure and Availability of Gain-based Damages for Breach of Contract, in Contract Damages: Domestic and International Perspectives, London: Bloomsbury Publishing, 2008, p. 225.

② Surrey County Council and Another v. Bredero Homes Ltd [1993] 1 WLR 1361, [1369].

③ See Ralph Cunnington, The Assessment of Gain-Based Damages for Breach of Contract, 71 (4) Modern Law Review, 2008, p. 567.

④ See R. Stevens, Torts and Rights, Oxford University Press, 2007, pp. 57-91; M. McInnes, Gain, Loss and the User Principle, Restitution Law Review, 2006, pp. 76-92.

⑤ See M. McInnes, Gain, Loss and the User Principle, Restitution Law Review, 2006, pp. 85-86.

值吗？或是只需赔偿原告的合同权利价值而不必在意实际的财产损失？① 根据“权利价值说”不能作出令人信服的解释。

虽然学界曾有以上的争议，但依据近年英国各级法院的判决，交涉赔偿似乎已被认为是一种补偿性赔偿，只是具体的表述有些不同，有的判决称其为允许被告作出违约行为而合理要求的补偿额（a quid pro quo），② 有的判决称其为原告免除被告义务所应获得的合理数额（a hypothetical release）。③在 One-Step 案中，英国最高法院将交涉赔偿金定义为补偿原告被侵害合同权利的经济价值。④ 这一解释似乎采纳了“权利价值说”，但由于判决对损失（loss）一词的含义作了不同于传统经济损失的理解，且使用了 compensation 一词，该判决被认为对交涉赔偿金的性质采纳了补偿性的观点（compensatory）。⑤

三、One-Step 案的判决与分析

（一）案件事实与下级法院的判决

在 One-Step 案中，原告 One-Step 公司为他人提供住宿等服务，Costelloe 女士与第一被告各持有该公司的 50%的股权，第二被告则作为公司经理管理公司日常事务。之后第一被告将其在公司的股份全部转让给了 Costelloe 女士，第二被告也不再负责公司的管理。One-Step 公司与两被告签订了一个保守商业秘密与竞业禁止的协议，协议约定两被告需要保守该公司的商业秘密，也不能从事与该公司相似的业务或招揽公司的熟客。之后两被告违反了这份协议，经营了一家与 One-Step 公司相似业务的公司并

① See Andrew Burrows, Are Damages on the Wrotham Park Basis Compensatory, Restitutionary or Neither?, in Contract Damages: Domestic and International Perspectives, London: Bloomsbury Publishing, 2008, pp. 184-185.

② [2003] EMLR 25, [45]; [2011] 1 WLR 2370, [48].

③ [2008] 1 WLR 445, [54]; [2010] Bus LR D141, [345].

④ [2018] 2 WLR 1353, [91].

⑤ See Edwin Peel, Treitel on The Law of Contract, 15th edn, Sweet & Maxwell, 2020, para. 20-016.

使用了 One-Step 公司的商业秘密。于是，原告 One-Step 公司提起诉讼，对于被告违反竞业禁止与保守商业秘密的义务，原告请求剥夺被告所获得全部经营利润或给予交涉赔偿金，其次请求违约损害赔偿。初审法院法官首先拒绝了原告要求剥夺被告全部经营利润的请求，将违反保密条款的赔偿合并到违反竞业禁止义务中一并作出，这一决定也被上诉法院及最高法院采纳。初审法院经过审理认为，很难证实被告违反竞业禁止义务的行为给原告造成了财产损失，出于公平对待原告的考虑，判决原告有权选择获得交涉赔偿或传统违约损害赔偿。① 原告在初审中选择了交涉赔偿金。之后被告上诉，上诉法院二审维持了原判决。上诉法院法官认为很难证实和计算原告因被告的违约行为遭受了利润和商誉损失，给予交涉赔偿金对原告来说是一个公平的结果。②

（二）最高法院的终审判决

英国最高法院最终撤销了初审法院与上诉法院作出的一、二审判决，认为虽然依据传统违约损害赔偿理论，很难计算或证实原告遭受了财产损失，特别是利润与商誉遭受的损失，但难以计算不等于放弃计算。最高法院最终认为本案不适用交涉赔偿。大法官 Reed 代表大多数法官陈述了判决意见，回答了长久以来关于交涉赔偿的两个主要问题：交涉赔偿金的法律性质与适用情形。

大法官 Reed 从侵权案件谈起，认为英国法在损害赔偿中适用两个原则，除了填补损失原则之外，还有使用费原则（principle of price or hire）③。如果被告侵占或未经允许使用原告有体财产或知识产权，然后返还给原告且未对该财产造成任何损失，此时根据填补损失原则，原告不能获得赔偿。在已决案件中，法官往往依据使用费原则，判决被告承担使用费赔偿责任，支付使用损害赔偿金（user damages）弥补原告的损失。例

---

① [2015] IRLR 215.

② [2016] 3 WLR 1281.

③ [2018] 2 WLR 1353, [27].

如，被告在原告不知情的前提下占用了原告的马，后来将马毫发无损地返还给原告。此时，原告不能利用填补损失原则请求被告赔偿，因为被告没有对马匹造成任何损害，原告只能请求被告支付使用费。大法官 Reed 认为，此类侵权案件中原告对财产的支配权是一笔资产（a valuable asset），被告的非法使用阻碍了原告获得财产的利用价值，因此应补偿原告由此遭受的损失。① 同时，他特别强调被告拿走了东西却没有付出什么，原告有权获得支付款。② 接着，大法官 Reed 认为 Wrotham Park 案与侵权案件中的使用损害赔偿十分相似，被告违反限制使用土地的协议使用未经许可的地块，侵害了原告控制土地利用的权利，该案判决基于被侵害权利的价值给予交涉赔偿。对于 Experience Hendrix 案，他同样认为原告依据协议控制唱片使用的权利具有商业价值，给予交涉赔偿是对该价值的评价。③ 然后，他分析了其他判决给予交涉赔偿的违约案件，认为在这些案件中都可以将交涉赔偿看作是对原告权利经济价值的评价，相当于对原告丧失利用自身权利的补偿。④

通过总结以上给予原告交涉赔偿的情形，大法官 Reed 首先否定了在无法证明因违约遭受损失或难以计算损失时普遍利用交涉赔偿金补偿原告的做法。他认为应遵守违约损害赔偿的基本原则；法律容忍一定程度上的计算不准确，在无法证明损失或难以计算损失时，法官首先需要做的是尽力计算原告的损失数额，根据该数额要求被告承担损害赔偿责任；如果原告实在无法证明任何损失，原告不应获得赔偿。⑤ 其次，对于交涉赔偿金的适用情形，他认为该赔偿金是对原告被侵犯合同权利经济价值损失的补偿（the loss for the economic value of the right breached），但不是所有的合同权利都具有经济价值，只有在涉及控制土地利用、知识产权或商业秘密的

---

① Ibid., [30].
② Ibid., [30].
③ [2018] 2 WLR 1353, [54].
④ Ibid., [69].
⑤ Ibid., [95].

合同权利才能被视为具有经济价值。[①] 在这些案件中，原告的权利与依据使用费原则作出赔偿判决的侵权案件中原告的财产权十分相似，是一种具有经济价值的资产，原告的损失可以通过他被剥夺合同权利的经济价值予以评价。[②] 另外，大法官 Reed 承认了交涉赔偿也适用于以 Wrotham Park 案为代表的一类案件，原告本来可以请求法院颁布强制令制止被告的违约行为，但由于某些原因法院没有颁布强制令，使得被告侵犯原告权利一直持续，同样导致原告遭受了权利利用价值的损失；作为对原告的补偿，被告应支付给原告交涉赔偿金。[③] 原告权利的经济价值既可以通过拟制原告同意让与该权利给被告时收取的费用作出评价，也可以通过其他方式计算。[④]

据此，大法官 Reed 认为本案被告违反竞业禁止义务未导致原告权利价值损失，不适用交涉赔偿金。被告违反竞业禁止义务造成了原告利润损失与商誉损失，虽然该损失难以准确计算，但也应适用传统违约损害赔偿作出评价。[⑤]

（三）判决评析

最高法院终审判决的意图十分清晰，就是限制交涉赔偿制度的适用情形，避免该制度被法院一般化地运用于合同违约案件中，从而颠覆了传统违约损害赔偿作为主要的违约救济方式。尽管判决确定了交涉赔偿适用的三类情形，即涉及控制土地利用、知识产权或商业秘密的合同，但同时引发了一些令人困惑的问题，主要体现在以下两个方面。

首先，大法官 Reed 类比侵权案件的赔偿使用费原则，将其延申至违约案件中，认为在上述三类案件中，原告的合同权利与财产权一样，具有经济价值。被告的违约行为剥夺了原告对自身权利的利用，所以应赔偿原告权利价值损失。并且，判决书用了不确定的口吻陈述到，交涉赔偿可能

---

① Ibid., [91]-[94].

② Ibid., [92].

③ Ibid, [95].

④ Ibid., [91]-[94].

⑤ Ibid., [98].

不限于以上三类案件,① 但没有指出除了上述三类案件以外哪些其他类型合同权利也具有经济价值。大法官 Carnwath 也赞同大法官 Reed 的观点,将适用交涉赔偿的案件总结为违约致使原告财产权或类似权利(property or analogous rights)受到侵害的案件,但也没有说明类似权利具体包括哪些权利,② 这种开放性结论给今后法院的判决带来了极大的不确定性。③

其次,该判决类比给予使用费赔偿的侵权案件,将损失定义为原告因违约而被侵害的合同权利的经济价值,由于使用了 compensation 一词,通说认为交涉赔偿在判决中被界定为补偿性救济。④ 然而,该判决同时将这类合同权利看作一种有价值的资产(a valuable asset),被告通过违约行为剥夺了原告的这笔资产,且特别强调"被告拿走了东西却没有付出什么,因而原告有权要求获得支付款"⑤。尽管大法官 Reed 拒绝在违约案件中以被告获利取代原告损失来确定损害赔偿额,但他同时承认 Wrotham Park 等适用交涉赔偿的案件完全能够以被告的违约获利对赔偿数额予以评价,只要被告获得的利益被视为被告对原告权利错误使用的客观价值。⑥ 基于这些文字描述,本文认为,根据"获利返还说"的理论,将交涉赔偿理解为一种获利返还赔偿更为合理,主要有以下三方面的原因。第一,交涉赔偿制度源于法官对侵权案件中使用费原则的借鉴,在相关侵权案件中,侵权人未经许可使用了原告的财产,获得了原告失去的使用利益,应承担使用费赔偿责任。交涉赔偿制度是使用费原则在违约案件中的运用,被告通过

---

① Ibid., [94].

② Ibid., [128].

③ See William Day, Restitution for Wrongs: One Step Forwards, Two Steps Back, 25 Restitution Law Review, 2017, p. 66; Paul Davies, One Step Backwards: Restricting Negotiating Damages for Breach of Contract, 4 Lloyd's Maritime and Commercial Law Quarterly, 2018, p. 438; Daryl Xu, Negotiated Damages: Rationalising the Compensatory View, 7 Journal of Business Law, 2020, p. 571.

④ See Edwin Peel, Treitel on The Law of Contract, 15th edn, Sweet & Maxwell, 2020, para. 20-016.

⑤ [2018] 2 WLR 1353, [92].

⑥ Ibid., [79].

违约行为利用了原告的财产，将其解释为获利返还与法律事实更为贴切。第二，判决主张原告的合同权利是一种具有价值的资产，被告通过违约行为剥夺了原告的资产，符合“获利返还说”的理论要义。判决没有否认通过获利返还来计算交涉赔偿额的理论，但却坚持采用补偿原告损失的观点，其本意可能只是想在传统违约损害赔偿理论框架下对交涉赔偿作出解释。第三，如果理解为违约获利返还，就不必突破损害赔偿理论对损失的界定，从而避免将损失理解为包括违约导致原告合同权利经济价值的损失。

四、许可使用费在我国违约案件裁判中的运用与我国合同立法的完善

根据对《合同法》第113条与《民法典》第584条的权威解释，我国合同立法长期以来秉持的观点是违约损害赔偿仅补偿原告因违约遭受的财产等损失，既包括直接损失，即财产上的直接减少，也包括间接损失，即可以预期取得的利益。① 如果原告未能证明违约行为给其造成了财产损失，则不能获得违约损害赔偿救济。实务中确有部分案件，原告无法证实其遭受了财产损失，如果仅依靠传统违约损害赔偿，他不能获得补偿。相反被告方却违约利用了原告的权利，获得了本属于原告的使用利益。该行为属于被告没有法律根据获得使用利益，依据《民法典》第985条之规定，构成不当得利。② 由于这种使用利益无法返还，原告只能要求返还这种利用的客观市场价值，这与许可使用费的法律性质十分相似。本文认为，交涉赔偿金的性质可以看成作为违约损害赔偿计算方式的许可使用费，许可使用费赔偿应拓展运用于部分违约案件之中，但被告利用的不是原告的合同

① 参见胡康生主编：《中华人民共和国合同法释义》，法律出版社2013年版，第205页；最高人民法院民法典贯彻实施工作领导小组主编：《中华人民共和国民法典合同编理解与适用（二）》，人民法院出版社2020年版，第764页。

② 参见最高人民法院民法典贯彻实施工作领导小组主编：《中华人民共和国民法典合同编理解与适用（四）》，人民法院出版社2020年版，第2798页。

权利，而是合同权利所依附的财产性权利。

（一）许可使用费赔偿在我国违约案件裁判中的拓展应用

笔者以“违约获利”和“违约获益”为词条在中国裁判文书网查询，在各级法院的判决中有许多涉及被告违约获利或违约获益的案件。其中较为典型的案件是房屋买卖合同的卖方利用房价上涨行情一房二卖，违约获取利润赚取差价。法院往往将原合同约定的价格与卖方转卖价格之差作为确定买方可得利益损失的依据，赔偿原告的同时间接剥夺了被告的全部或部分违约获利。① 原告的可得利益损失与被告的违约获利相对应，法院依据可得利益损失返还原本属于原告的利益。但需要强调的是，剥夺被告违约利润不同于本文中所指的违约获利返还赔偿。本文论述的交涉赔偿金或许可使用费代表了被告利用原告财产权利取得的使用价值，属于对不当得利的客观评价，区别于违约获利剥夺案件中被告因违约获得的实际利润。在搜索的案件里有少部分案件就属于本文关注的违约获利返还案件，原告无法证明其因违约遭受了财产损失，不能通过可得利益损失获得补偿，被告却利用本属于原告的权利获得了使用利益，该使用利益可以通过许可使用费赔偿的形式予以返还。

在金长金投资有限公司（以下简称金长金公司）诉广州市万绿达集团有限公司（以下简称万绿达公司）合同纠纷案中，② 上诉人金长金公司与被上诉人万绿达公司之间存在一份增资扩股合同。根据该合同约定，万绿达公司代金长金公司行使金长金公司对广东农商行享有的股东权利，未经金长金公司授权，万绿达公司不得对金长金公司股份及其收益进行转让、

① 参见河南省高级人民法院（2016）豫民终1343号民事判决书、江苏省南京市中级人民法院（2016）苏01民终10024号民事判决书、四川省成都市中级人民法院（2018）川01民终3093号民事判决书、湖南省长沙市中级人民法院（2018）湘01民终5795号民事判决书、江苏省连云港市中级人民法院（2019）苏07民终3317号民事判决书、河北省邢台市中级人民法院（2020）冀05民终2090号民事判决书、天津市东丽区人民法院（2017）津0110民初1455号民事判决书。

② 参见广东省高级人民法院（2017）粤民终2299号民事判决书。

处分或设置任何形式的担保。本案中，万绿达公司违反约定，未经金长金公司授权，多次将属于金长金公司享有的广州农商行股权用于质押，获取收益达4396万元。由于事后万绿达公司已将股权质押注销登记，金长金公司未能证明万绿达公司的违约行为给其造成了损失。法院最后酌减判决万绿达公司支付300万违约金，远小于合同事先约定的违约金数额。本案与英国法适用交涉赔偿案件的情形十分相似，具有适用获利返还赔偿或许可使用费赔偿的必要。万绿达公司为获取融资贷款，违反合同约定将金长金公司股权质押给第三人。虽然违约没有使金长金公司遭受经济损失，但万绿达公司显然利用本属于金长金公司的股权，构成了不当得利。本文认为，万绿达公司应将其违约获利返还给金长金公司，即利用金长金公司股权质押的许可使用费。返还的数额应为万绿达公司本应支付的三次股权质押成本，法院可以根据案件具体数额结合市场行情计算。

在梁某与山西灵英生物质能源开发有限公司（以下简称灵英公司）合同纠纷案中，① 上诉人灵英公司与被上诉人梁某签订了一份销售代理合同。根据合同约定，梁某有权在山西运城市销售灵英公司的产品，且梁某为运城市范围内的总代理，独家推广销售灵英公司产品。随后，灵英公司违约在闻喜县安装了4台锅炉，在临猗县安装了28台锅炉，违约获利巨大。梁某要求解除合同，并赔偿给他投入的技术培训费、代理费、推广宣传费以及合同履行后的可得利益损失。虽然法院判决梁某获得他支付的技术培训费、代理费、推广宣传费三项固有损失，但由于梁某未能证实其遭受的可得利益损失，法院驳回了他的这项诉讼请求。本文认为，梁某原本期待利用独家销售权获取经济利益，独家销售权显然属于具有财产性质的权利，灵英公司违约利用了属于梁某的财产性权利，该行为构成不当得利。由于灵英公司也使用了自己的销售技能与专业知识才成功销售了自己的产品，因此应部分返还相当于利用梁某独家经营权的经济价值，那就是利用独家经营权应支付的许可使用费。该数额可以通过销售的32台设备占梁某全年

---

① 参见山西省运城市中级人民法院（2018）晋08民终1110号民事判决书。

业务量的比例来估算许可使用费的数额。

与独家销售合同纠纷案件类似的案件是山东公元四方文化传媒有限公司（以下简称四方公司）诉重庆融汇物业管理有限公司济南分公司（以下简称融汇公司）租赁合同纠纷案。① 原告四方公司与被告融汇公司签订了一份广告位租赁协议，约定四方公司在合同履行期内享有指定区域的独家运营权，融汇公司不能同其他单位和个人开展类似合作。融汇公司违约又与其他广告公司在涉案指定区域内合作并收取租金获利。由于四方公司无法证明其因融汇公司的违约行为遭受损失，四方公司要求法院判决融汇公司以其违约获利数额承担赔偿责任，获得法院支持。本文认为，在没有成文法支持赔偿违约获利的情况下不应使未造成损失的被告承担返还违约获利赔偿责任。但法院判决返还违约获利的思想是值得肯定的，四方公司享有的指定区域独家广告运营权能够为权利方带来直接或间接的经济利益，是一项具有财产性质的权利，融汇公司利用了属于四方公司的权利获得了使用利益。融汇公司应承担违约获利返还责任，也就是利用独家广告运营权的许可使用费。

（二）作为违约损害赔偿计算方式的许可使用费之规范续造

1. 适用对象

基于对上述案件的分析，首先需要明确的是在违约案件中许可使用费赔偿的适用对象。如上所述，在 One-Step 中，大法官 Reed 将原告被侵犯的合同权利视为一种资产，明确指出交涉赔偿金代表了原告合同权利的经济价值。本文认为，上文引述的英国案件都涉及限制性协议，原告享有的合同权利为限制被告方行为的权利，这种限制性权利不能在市场上交易，因而将其解释为一种资产，很难解释得通。在 Wrotham Park 案与 Jaggard v. Sawyer 案中的土地限制利用协议，原告享有的合同权利为限制被告对土地的利用，但原告之所以能够限制被告对土地的利用是因为原告是土地的所有权人，被告违约的直接后果就是利用了原告的土地。与其说是被告剥

---

① 参见山东省济南市市中区人民法院（2020）鲁0103民初13952号民事判决书。

夺了原告合同权利的价值，不如说被告利用了原告的土地，因此应将该不当得利返还给原告。在 Experience Hendrix 案中，原告的合同权利为限制被告对唱片的利用，该项合同权利源于原告对版权的享有。被告利用了原告的版权，因而应承担返还不当得利的赔偿责任。在 Vercoe 案与 Pell 案中，被告违约利用了原告的商业秘密，应返还该商业秘密的利用价值。同理，在金长金公司诉万绿达公司合同纠纷案中，被告万绿达公司违约利用的不是原告的合同权利，而是原告的股权。在梁某与灵英公司合同纠纷案中，原、被告之间签订了一份销售代理合同，依据该合同原告梁某享有特定区域的独家经营权，被告灵英公司则利用了原告的独家经营权。在四方公司诉融汇公司租赁合同纠纷案中，原告通过广告位租赁协议享有该区域独家广告运营权，被告违约利用了原告的独家广告运营权。这些案例都有一个共同的特点，原告的合同权利背后还隐藏了一个财产性权利，被告的违约行为不仅侵犯了原告的合同权利，而且利用了原告的财产性权利获得了使用利益。由于使用无法返还，被告只能返还使用原告权利的客观市场价值。被告利用的不是原告的合同权利，限制性合同权利本身也没有利用的可能。因此，许可使用费赔偿的适用对象其实是原告合同权利所依附的财产性权利。这样理解也与大法官 Carnwath 的观点一致，他将适用交涉赔偿的案件归纳为涉及违约将侵犯财产权及类似权利的案件。①

2. 法律意义

梳理我国目前立法，许可使用费赔偿只被规定于《专利法》第 65 条第 1 款、《商标法》第 63 条第 1 款以及《种子法》第 73 条第 3 款。并且，学界对许可使用费的研究主要集中于知识产权侵权领域，② 以及近年少数

---

① [2018] 2 WLR 1353, [128].

② 参见范晓波：《以许可使用费确定专利侵权损害赔偿额探析》，载《知识产权》2016 年第 8 期；缪宇：《作为损害赔偿计算方式的合理许可使用费标准》，载《武汉大学学报（哲学社会科学版）》2019 年第 6 期。

学者主张将其推广至人格权侵权案件中,① 甚至作为一般侵权案件损害赔偿的标准。② 然而，鲜有研究注意到许可使用费同样可以作为获利返还赔偿被运用于违约案件之中。既然许可使用费的法律性质是权益侵害型不当得利的替代,③ 在违约案件中同样可能出现侵害原告权利而不当得利的情形，那么许可使用费也可以被运用于部分违约案件中作为损害赔偿的计算方式之一。当被告未履行合同义务的同时未经许可利用了原告的财产性权利，此时构成不当得利，被告获得的利益便是对原告权利利用本身。由于利用不可返还，被告只能返还利用的价值，此时利用价值的数额须采用客观计算得出，即理性的合同双方当事人可能达成的使用原告相应权利的协议中被告通常应支付的金额。既然许可使用费的法律性质属于不当得利的返还，那么理论上即使合同立法未单独规定许可使用费赔偿，原告也可以在满足条件时根据《民法典》第985条不当得利之规定请求被告支付许可使用费。然而，如果合同立法中单独规定了许可使用费赔偿，则原告既可以根据不当得利请求权请求被告支付许可使用费，也可以根据违约损害赔偿请求权请求被告支付许可使用费。这样在合同立法中引入不当得利的法律后果，主要有三个方面的意义：第一，原告不必费尽心思去证明所遭受的财产损失，避免了举证不足导致不能获得补偿的不利后果；第二，许可使用费限制了法官判决的自由裁量权，法官在计算许可使用费数额时需要依据市场上类似利用原告方权利的协议作为重要因素进行评价，使得计算结果相对于单纯的法官酌定更为客观；第三，许可使用费赔偿确立了违约损害赔偿的最低数额，有利于维护原告方的利益。

---

① 参见王若冰：《论获利返还请求权中的法官酌定——以〈侵权责任法〉第20条为中心》，载《当代法学》2017年第4期；黄芬：《人格权侵权中的许可使用费赔偿研究》，载《社会科学》2020年第1期。

② 参见李承亮：《多元赔偿责任论》，载《法学评论》2020年第5期。

③ 参见缪宇：《作为损害赔偿计算方式的合理许可使用费标准》，载《武汉大学学报（哲学社会科学版）》2019年第6期。

3. 适用要件

承认了许可使用费作为违约损害赔偿数额的计算方式之后，最关键的问题是抽象出适用许可使用费赔偿的法律要件。首先，并不是所有违约案件都能够将许可使用费作为损害赔偿的计算方式。依上文对中英两国相关案件的分析来看，只有按照传统损害赔偿制度“差额说”理论不能证明守约方因违约遭受了财产损失或损失难以确定时，才能利用许可使用费作为计算损害赔偿金的方法。这与《专利法》第65条第1款、《商标法》第63条第1款以及《种子法》第73条第3款将“权利人的损失难以确定”作为适用许可使用费赔偿的前提条件相一致。其次，由于违约案件中被告利用的是原告享有的合同债权所依附的财产性权利，因此，只有原告享有合同债权的同时也享有其他财产性权利，且违约行为与利用原告的财产性权利存在直接因果关系时，违约方才需要支付许可使用费。这类财产性权利包括所有权、用益物权、知识产权以及其他财产性权利，比如独家经营权等。最后，由于拟制许可使用费标准相对客观，虽然原告的财产性权利可能不像知识产权那样曾授权他方使用，在计算许可使用费数额时可以参考财产权利的相关市场价格予以确定。相较法定赔偿中法官酌情确定赔偿数额而言，许可使用费标准更具客观性与确定性，确立了违约损害赔偿的最低数额，有助于限制法官的自由裁量权。例如，技术许可合同与技术转让合同就是一类可以适用许可使用费作为违约损害赔偿计算方式的典型合同。被许可人与受让人在合同中往往需要承担按照约定使用技术的义务。依据《民法典》第873条之规定，如果被许可人与受让人实施专利或使用技术秘密超越约定范围或未经许可人或让与人同意擅自许可第三人实施该专利或者使用该技术秘密的，应承担违约责任。此时，被许可人与受让人违约的同时利用了许可人或让与人的无形财产权，违约行为与利用行为之间存在直接因果关系。如果许可人或让与人的财产损失无法证明或不能确定，许可人或让与人可以请求违约方支付许可使用费作为承担违约损害赔偿责任的方式。

五、结语

违约交涉赔偿制度在英国普通法历经了几十年的发展，特别是英国最高法院近年在One-Step案中对其理论基础进行了详细的论述。基于对相关案件的分析可以看出，交涉赔偿金本质上是一种获利返还赔偿，被告往往因实施违约行为利用了原告方的权利、获取了利益，通过支付交涉赔偿金向原告返还其获得的使用利益。因此，交涉赔偿金与许可使用费都属于不当得利的返还，是对原告方被剥夺利益市场价值的客观评价。英国普通法将不当得利救济运用于违约案件之中作为损害赔偿金的计算标准这一做法弥补了传统违约损害赔偿制度的不足，公平地维护了原告方的权益，并且预定了损害赔偿金的最低数额，有效限制了法官的自由裁量权。然而，许可使用费作为违约损害赔偿金的计算标准不论在我国立法还是司法层面均未引起注意。笔者认为，英国交涉赔偿金制度为我国合同立法与司法裁判提供了极大的启发，我国在未来修法时应吸收许可使用费作为违约损害赔偿的计算方式，详细规定适用许可使用费赔偿的法律要件，这对完善我国违约损害赔偿法体系具有重要的意义。判

（本文仅代表作者个人观点）

——编辑后语——

已近年末，无暇回顾行藏得失，就将与之握手道别。此时此刻，无论您是仍在为年终考核而伏案埋头，还是已从案牍之苦中暂时抽身，《判解研究》2021年第3辑都希望为读者眼前增添一抹亮色。在这庸碌熙攘的世界中，如果本辑文章能为您手头的疑难问题提供些许启迪，点亮心中蛰伏着的学术志趣，这对编辑部而言则是莫大的鼓励。

清样付梓之后，一个老生常谈却又常谈常新的问题再次浮现，那就是价值判断。本辑专论部分收录的两篇文章，是对当下社会主义核心价值观如何融入司法裁判问题的探讨，它们分别是李冬冬庭长的《社会主义核心价值观在司法裁判中的指引功能》和刘琨博士的《社会主义核心价值观司法适用的实证分析与可行路径》。前者从社会主义核心价值观在解释法律过程中的功能定位出发，指出其是标准而不是法律规范，即为规则适用提供说理指南，融入法治建设需要借助法律方法，以避免法律适用存在更多的不确定性；后者则从社会主义核心价值观法律适用过程中存在的现实问题出发，论证法官应当区分不同情形，将其作为正式法源纳入裁判依据或者作为非正式法源融入说理依据。两篇文章针对同一问题得出了不同结论，抑或说是侧重点有所不同，孰是孰非还须读者自身阅读之后才能言说，别人无法代劳，“一千个读者就有一千个哈姆雷特”的老话放在这里最合适不过了。这种结果诚为意料中事，但这也揭示了价值判断最为核心的难题，即其有可能成为一件极具主观性的“个人私事”，无法获得他人的理解和认同。

果如此，价值判断将会成为法律适用中的疑难问题。对于法律安定性来说，它是以当事人能够稳定预期法律适用的结果为前提的，这也正是马克思韦伯所讲的法律形式理性的重要功能。而法律适用一旦涉及价值判断，则每一个人都会对法律产生不同的理解，可预期性可能会失去基础。可喜的是，理论和实践均已认识到这一问题，相关研究已经汗牛充栋，堆积如山，在此无意重述前人成果。但是，价值判断的问题并未得到彻底解决，反而新的问题层出不穷。毕竟，"人同此心，心同此理"只是理想状态，诉讼两造各执一词，"公说公有理，婆说婆有理"才是现实常态。对此，编辑部有两点感想，与诸君共勉。

第一，保持价值判断的自觉。由于民法较为务实的学科气质，在公众认知里总还是会被认为是一门技艺型的学问，在解决具体纠纷的法律适用当中，法官只要严格运用司法三段论的演绎推理就能得出想要的判决结果，以至于当现代科技足以令人工智能进入社会生活时，所谓"电脑判案"立即就在民事案件的裁判当中引发无尽遐想。至于价值判断，要么被认为大部分常规案件中根本不需要，要么是日用而不知。其实，价值判断是贯穿法律适用始终的，从提炼归纳案件事实，到找法释法，以至于最后作出判决都有价值判断在背后支配着。比如，同样是贫苦老人没有按期交纳租金，出租人要求承租人腾出房屋的案件。一位法官会把案件事实表述为"承租人没有交纳租金"，另一位法官却可能表述为"贫苦老人没有交纳租金，如果腾出房屋可能会无家可归，冻饿街头"。究其原因，正是两位法官秉持了不同的价值倾向，才会看到不同的案件事实。在一定程度上可以说，价值判断不是法律适用者眼睛看到的外在事物，而是决定你能看到什么事物的眼睛本身。目之所及，皆有价值判断的身影，差别仅在于是否具有自觉而已。

第二，勇于对自己的价值判断结论做出反思。诚然，价值判断是具有隐秘性的"个人私事"，但并不是无迹可寻的，一个人经历的事、读过的书、遇见的人都会影响到价值判断的结果，亦即价值判断的经验基础，也称为"前见"。虽然这些前见经验是价值判断得以生发的空气水土，但如果不根据外界情况对它们进行反思修正，则会成为禁锢思维的牢笼。其结果就是，价值判断保持着"个人私事"的属性，无法与他人建立共识，法律可预期性也会受到影响。而三段论的司法方法需要的正是这种反思精神，大前提是否具有正当性、案件事实是否全面得当以及二者之间是否契合等等，都是需要通过反复思量才能认定的结果。一言以蔽之，在法律适用过程中，我们应当尽可能地保持反思精神，以打破既有的思维定势和经验牢笼，寻求与他人的“视域融合”。

2022 年将至，没有谁能够在永不停歇的时光隧道中驻足停留，“亡者不可谏，来者犹可追”，希望我们在新的一年都能成为“和时间赛跑的人”。

——征稿启事——

《判解研究》系教育部人文社会科学重点研究基地——中国人民大学民商事法律科学研究中心主办、《判解研究》编辑部编辑、人民法院出版社出版的，面向海内外公开发行的全国性法律专业连续性出版物。本丛书秉持“加强判解研究，推进司法改革”的宗旨，以裁判实践以及相关法律、司法解释的研究为基本关注，设有法学专论、司法解释之窗、法官论坛、判例评析、公报案例评析、焦点笔谈、调查与研究、海外判例选介等多个栏目，力图多视角、全方位地追踪和展示中国的案例、司法解释及相关研究之全貌，总结司法经验，探求法治精神，积极推动国家法制建设与法学研究的发展。

本丛书恪守求实、严谨、公正的理念，弘扬兼容并蓄的学术传统，诚邀法学理论及实务工作者惠赐佳作。来稿要求：

1. 来稿应属未以任何形式公开发表过的作品。本丛书不接受一稿多投，因此类行为给本丛书造成不良影响和损失的，将予以严肃追究。

2. 本丛书对来稿的篇幅原则上不作限定，但对于全文低于八千字或超过二万字（含注释部分文字）的稿件，适用更为谨慎的编审程序。

3. 来稿应遵守本丛书注释体例，注释以必要和合理为原则，不使用尾注；标点符号、数字的使用应遵守国家有关规定。

4. 案件评析的稿件应包含案情概要、裁判要旨以及学理评析三部分，且前两部分所占篇幅应限制在全文的五分之一以内；所评须为真实案例，并附注裁判文书文号。

5. 本丛书用稿实行匿名评审制度，请作者将姓名、出生年月、性别、工作单位、职称、学位、职务、通讯地址、联系电话、电子邮箱等个人信息，单独放在首页，稿件正文不要体现上述信息。

6. 本丛书不退来稿，稿件采用后，编辑部会及时与作者联系；稿件寄出后两个月未收到用稿通知的，作者可另作处理。

7. 凡本丛书所发表的文章，自发表之日起一年内，由本丛书享有专有版权和使用权，任何转载、摘登、翻译或结集出版等事宜，均须事先得到本丛书编辑部的书面许可。

8. 来稿请寄：北京市海淀区中关村大街59号中国人民大学明德法学楼1015室《判解研究》编辑部（100872）；或发送邮箱：panjieyanjiu@163.com。

《判解研究》编辑部

附：《判解研究》注释体例

1. 文中注释一律采用脚注，每页独立注码，样式为：①②③等。

2. 非直接引用原文时，注释前加“参见”；引用非原始资料时，请注明“转引自”。

3. 请规范数字用法，其中非直接引用法条的序号用阿拉伯数字(包括正文)。

4. 注释及参考文献范例：

（1）著作类：

①《马克思恩格斯选集》(第4卷上册)，人民出版社1972年版，第24页。

②佟柔：《中国民法》，法律出版社1990年版，第67页。

（2）论文类：

①苏永钦：《私法自治中的国家强制》，载《中外法学》2001年第1期。

（3）文集类：

①龚祥瑞：《比较宪法学的研究方法》，载《比较宪法研究论文集》(第一集)，南京大学出版社1993年版。

（4）译作类：

①［古希腊］亚里士多德：《政治学》，吴寿彭译，商务印书馆1983年版，第54页。

（5）报纸类：

①张志铭：《现代化与中国律师制度的发展》，载《光明日报》2003年9月23日。

（6）古籍类：

①［清］沈家本：《沈寄簃先生遗书》甲编，第43卷。

（7）辞书类：

①《新英汉法律词典》，法律出版社1998年版，第24页。

（8）网络资料类：

①郑成思：《“入世”、知识产权保护与民商法的现代化》，载中国法学网http：//www.iolaw.org.cn/showNews.asp？id=243，访问时间：2007年4月29日。

（9）英文类：

①L. Fuller，The Morality of Law，revised edition，New Haven：Yale University Press，1969，p. 143.

②See Roscoe Pound，The Spirit of the Common Law，New Brunswick：Transaction Publishers，1999，pp. 179~180.

③Joseph Raz，Legal Principles and The Limits of Law，81 Yale Law Journal (1972)，p. 839.

④H. L. A. Hart，Jhering's Heaven of Concepts and Modern Analytical Jurisprudence，in Essays in Jurisprudence and Philosophy，London：Oxford University Press，1983，pp. 269~270.